CW01521556

马伯庸 著
施晓颉 绘

笑翻中国简史

A BRIEF HISTORY
OF
CHINA

插图版

湖南文艺出版社
HUNAN LITERATURE AND ART PUBLISHING HOUSE
博集天卷
CS-BOOKY
·长沙·

前　言

前些日子接到编辑老师的电话，这本《笑翻中国简史》的前言，文字部分由我来写，而本该操刀的主角马伯庸老师去画画了。虽然瞬间觉得"压力山大"，但是一想到能让马老师画点儿啥，这个主意倒也不坏。

这本《笑翻中国简史》算起来是我和马老师合作的第四本书稿了，短短两年，四次合作，是缘分，也是荣幸。

回想我俩第一次见面，是在一个有好多人的饭桌上，我俩比邻，马老师坐我左首，恰好他又是用左手吃饭，我则右手拿筷，一开始就透着合适；我俩都不喝酒，且因为爱跑步都吃得很少，所以自然又多了一份亲近。事实上，那天我也做了一次粉丝，带了两本书请马老师签名，其中一本就是上一版的《笑翻中国简史》，现在想来，这次合作许在当时就埋下了种子。

我在为马老师配图的时候，常常惊叹他构建的各种精彩有趣的世界。更难得的是，这些故事往往采撷于茫茫历史事件或史料中不经意的一句话，或是一个容易被人忽视的小事件。比如他的《显微镜下的大明》，就源于六篇当时的真实档案文书，只能说马老师着实厉害，脑洞大但思路又很严谨。

谈到这本《笑翻中国简史》，其实我在与马老师相识之前就读过了。此次应邀将这本有海量知识的书用图画的形式来呈现，一开始我还是很兴奋的，自忖从业几十年以来，画过的插画不在少数，这本也应该游刃有余吧。但当动笔时才发现，纯粹的阅读和配图本就不是一回事。在上一版图书中，马老师已将中国古代朝代更迭和"五德终始说"的关系亦庄亦谐地论述得明明白白了，用画面去诠释，甚至还要求在有艺术性的同时做到内容上的延展，实在是一件烧脑的事情。

不同于我之前画过的《太白金星有点烦》《龙与地下铁》《食南之徒》，这三本的插画是可以信马由缰地自由发挥的。而这本书的知识点被马老师编织得严丝合缝，甚至还有很多七弯八拐的古代历法，对数学本就一般的我来说，就是在雪上加了好几层霜。尤其是五胡入华、五代十国这几个部分——小国家、小朝代，更迭快，几乎可以用乱成一锅粥来形容，好几幅画也着实费了一些白发。所以为了"报复"马老师，就像差生常常作弄优等生一样，我在图中加了很多小彩蛋，拿到书的朋友也可以仔细找一下。至于是惊喜还是惊吓，见仁见智。

磕磕绊绊、拖拖拉拉，历时两个多月，终于画完了近 220 张插画。本书既为"笑翻"，最后就祝愿大家阅读愉快，手不释卷。

施晓颉

2025 小暑

上海

绝味软缘

陆甬绘

著名史学家司马迁曾在《史记》里讲了这么一个神神怪怪、令人难以置信的故事。

那时候汉高祖刘邦还叫刘季，正当着泗水亭长，某次押送民夫去骊山做苦工，半道上民夫就逃了一大半。于是刘季干脆渎职到底，把人全给放了，然后带着十来个新收的小弟收拾行装，打算上山落草。

走着走着，有个探路的小弟回来禀报，说："前面有好大一条蛇拦住了去路，咱们还是绕道走吧。"那一晚，刘季喝得醉醺醺的，闻言是一梗脖子，一挺胸脯，口出狂言："俺们是壮士，壮士走在道上，有啥可怕的?！"于是冲上前去，拔出剑来，就把那条蛇给剁成了两截。然后大家高高兴兴地走了过去。

刘季喝多了酒，再一砍蛇，活动了筋骨，醉意直泛上来，走出没多远就趴在地上睡着了。没多久，一个八卦男追了上来。

　　说来也巧，刘季早不醒，晚不醒，八卦男一来他就醒了，他一醒，八卦男就问："你们有没有见着一位老太太在路边哭？说什么'我的儿子是白帝之子啊，化身为一条大蛇，拦在道上，如今被赤帝的儿子给杀了'，可吓人哪！"

　　刘季听了这话一激灵——合着我杀的不是蛇啊，是什么白帝之子，这么说来，我也不是凡人哪，我是赤帝之子！小弟们当然更吃惊，从此对刘季是又害怕又恭敬，铁下心来要跟着这位老大去打江山了。

某乃赤帝之子，斩汝so easy（很容易）！

吾乃白帝之子，尔安敢斩吾？

我估摸着现在要是有个人能穿越回去跟刘邦讲起这个故事，刘邦自己都得一头雾水。

因为这个故事刘邦本人从来没有听到过，是后人编造的。这跟"大楚兴，陈胜王"不一样，不是为了政治宣传而在当时就编造出来的革命故事。估计在刘邦整个革了秦朝的命，进而革了西楚的命，再削平诸侯，然后带着一身伤踏踏实实回长安做最后一两年太平天子的时候，他都没有听说过这个故事。

倘若由刘邦来编这个故事，他说不定会把自己编成黑帝之子，而不是什么赤帝之子。

为啥是黑帝之子？

所有这一切，都涉及中国历代王朝关心的一件超级无聊的大事，也是再重要不过的宣传方针：德性。北方的朋友们请注意，不要把这里的"性"字读成轻声……

所谓"德性"，这个"德"就是指道德。至于"性"，指的是属性。

德性就是道德的属性，国家政权的属性。

古人认为，人类和大自然是紧密相连、须臾不可分的，并且这种联系和影响不是单向的，而是双向的。

也就是说，天降大旱、洪水导致人间歉收不是无缘无故的，人类不修德、不敬神才会引来灾害，人间出了不孝子才会引来天上的雷。

尤其是普天之下的唯一君主，即"天子"，既然是天的儿子，那么天老子的意愿就会随时传达给儿子，而儿子的行为也会直接触发天老子的各种异象。

　　所以我们读历史书，经常看到只要哪儿遭灾了，皇帝就会赶紧又是下"罪己诏"，又是节衣缩食、停建楼台馆舍的。最不济，也得勒令他的主要助手，也就是宰相辞职。

铁器铺

锅

Θαλῆς. Thales
泰勒斯
水是万物
之母。

Εμπεδοκλῆς.
恩培多克勒.
水火气土四
合一，就这
样定了。

既然上天和君主之间是有心灵感应的，那么这种心灵感应就应当是有规律可循的。于是古代大贤人或者大闲人就琢磨开了，他们的原则是洞察这个规律，并将之理论化；如果没有规律，那就杜撰，啊不，找出一个来。

在中国古代，"元素"这个词的意思是最原始、最本色的事物。不过，在现代汉语中，"元素"一词的含义源于西方，是指组成宇宙万物最基本的要素。

最早的元素学说产生于古希腊，最终形成了西方最基本的水、火、气、土四合一古代元素论（其他还有很多假说，影响就没那么深远了）。

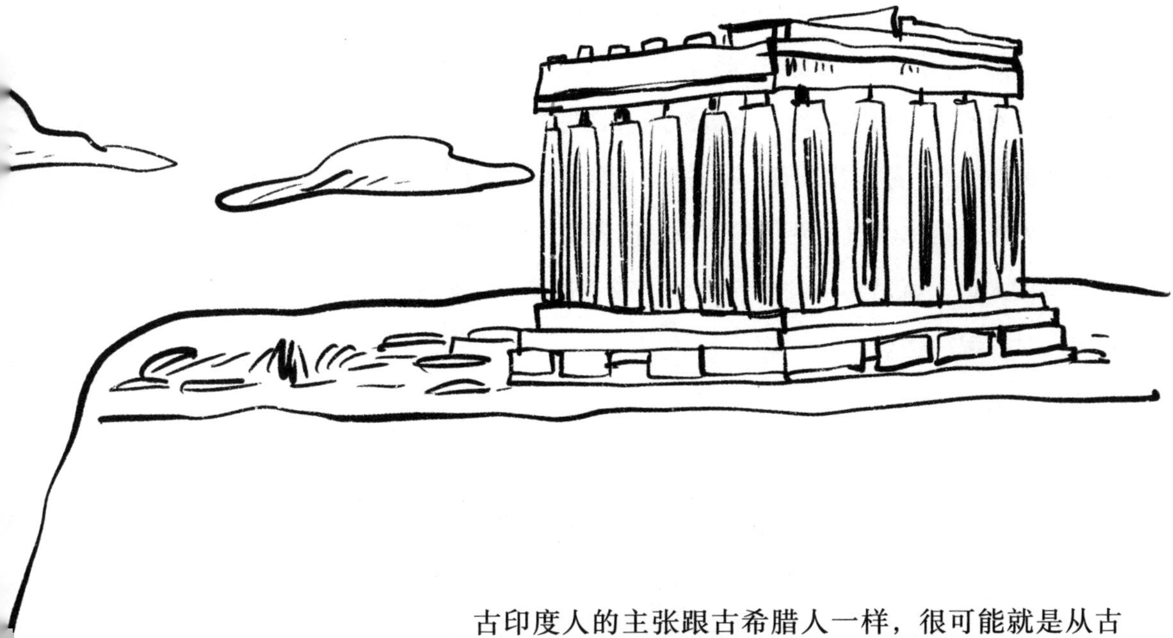

古印度人的主张跟古希腊人一样，很可能就是从古希腊传过去的，不过他们把四元素的名字改成了地、水、火、风——还有一说是再加上空，变成地、水、火、风、空五元素。

那么，古代中国人又是怎么看待那个虚之又虚、玄之又玄的"天"以及组成宇宙万物的元素的呢?

比起古希腊人，古代中国人的思维就要形而上得多了，就像天比神更看不见摸不着一样。古代中国人最早提出的宇宙本原，叫作太极。

太就是大，就是最主要的；极就是顶点，是最根本的。不像地、水、火、风，就算看不见也能感受到，太极你能看到吗？能感受到吗？

太极的概念，最早出现在《周易》里，作为《周易》本体的《易传》里说："易有太极，是生两仪，两仪生四象，四象生八卦。"

所谓太极，就是宇宙的虚无本体，或者是这个虚无本体还没有转化成万物之时的混沌状态。

我登场了！

问世间八卦为何物，直教人百思不得其解。

太极以后还有两仪，所谓两仪就是阴阳，日是阳、月是阴，男是阳、女是阴。要是还不明白，在太阳底下暴晒会儿就明白什么叫阳了，躲树荫底下乘会儿凉就知道什么叫阴了。

两仪生四象，四象更诡异。最初的四象是指少阴、少阳和老阴、老阳，而不是后来附加上去的什么青龙、白虎、朱雀、玄武。四象生八卦，八卦是乾、坤、坎、离、巽、震、艮、兑，或者通俗点儿来说，是天、地、水、火、风、雷、山、泽。瞧上去怎么着都不像是在说什么生成宇宙的基本要素，而像是宇宙成形后的各种事物形态。

朱雀

离 火

坤 → 地

风
巽

兑 → 泽

白虎

震 雷

乾 → 天

青龙

艮

山

坎 → 水

玄武

20

其实，《周易》系统根本就是在玩数学游戏。太极暂且不论，所谓两仪就是 0 和 1，二者形成《周易》系统最基本的"爻象"—— 0 就是阴，是并列的两根"横棍儿"；1 就是阳，是单独的一根"横棍儿"。上下两组爻象就合成了四象，也就是上下两阴为老阴，是 0；上阴下阳为少阳，是 1；上阳下阴为少阴，是 2；上下两阳为老阳，是 3。三组爻象组成了八卦，从 0 排列到 7……六组爻象是六十四卦，从 0 排列到 63。

1687 年，耶稣会士柏应理撰写了《中国哲学家孔子》一书，其中用十三页对伏羲八卦图做了介绍。坊间传言，德国哲学家、数学家莱布尼茨买来一本一翻——我的天，这不是我正在研究的二进制吗！二进制的发明从此就归功于莱布尼茨了，最早制定《周易》系统的中国原始数学家则淹没在了历史的浩瀚海洋中。没办法，那一套太形而上了，几千年来没几个人搞得懂。

咱俩发型相同。

那么中国古代还有没有别的比较
形而下一点儿、比较好理解一点儿的
宇宙论呢？虽然出现得晚了一点儿，
不过还真有，那就是五行学说。

春秋战国"百家争鸣"，其中有一家叫作"阴阳家"，就是基于阴阳两仪理论，研究宇宙和万物本原、构成要素的一派。已经无可考证，究竟是其中哪位阴阳家在经过长期的调研、冥想之后，最终得出了跟西方四元素论非常接近的五行学说。

五行即金、木、水、火、土，"行"字的本义是道路，所谓五行，大概是指可以通向最终态"太极"的五种事物形态吧。

探究阴阳要
带上小手电
照亮照亮
！！！

　　历史从诸侯争霸的春秋时期，不知不觉就迈入了厮杀更为残酷的战国时期。战国七雄里面，要说最富庶也最太平的，非齐国莫属。齐国近海，得渔盐之利，所以富裕；它离秦国最远，所以太平；加上某位齐君的悲惨遭遇教育了齐人——往外打就是找死，守着原本的疆土最安全。所以齐国是最后一个被秦军灭掉的国家，而且基本没打什么仗，秦军一到，"带路党"直接就把城门给打开了。

不打仗，不拓土，齐君大部分时间都在忙什么呢？原来他们在赞助学术研究。开学堂，请讲师，提供场地和经费让大家坐下来一起研究和辩论。

我可以拍胸脯保证，战国时期的诸子百家，十个里面有九个得到过齐君的赞助。比如儒家的孟轲（孟子）、荀况（荀子），法家的申不害（战国第一位改革家，在韩国搞改革，下场可想而知），等等。

28

齐国所开的学堂名叫稷下学宫。这个"稷"字，是指齐国都城临淄的一处城门，"稷下"就是在稷门附近的意思。这座高等学府肇建于田氏代齐后的第三代君主田午时期，田午不是正当继位的，而是杀了自己的哥哥还有侄子，篡位为君的。田午死了以后，谥号为田齐桓公，史称齐桓公（不是三百多年前的春秋霸主齐桓公）、齐桓公午，或者蔡桓公——成语"讳疾忌医"就是由他的事迹产生的，他因为不听名医扁鹊的良言相劝，最终病到无药可救，一命呜呼，此事流传千古。

　　大概是为了掩盖自己篡位的恶名，这位齐桓公午创建了稷下学宫，想通过大搞学术赞助来给自己换得个好名声。这座官方学院就此建成，一直延续到齐国灭亡，其间产生了大批名闻天下并且影响后世的大教授，其中一位就是阴阳家驺衍。

驺衍此人据说已经彻底想通了上天的奥妙，所谓"尽言天事"，所以人送外号"谈天衍"——当然啦，是说他专门讲解天的道理，不是说他喜欢闲聊，只会说一些"今天天气很不错"之类的话。

　　这位"谈天衍"综合了前辈关于阴阳五行的研究成果，推出了自己的全新理论，一种叫"大九州说"，一种叫"五德终始说"。"大九州"什么的与本书主题无关，暂且不论，这个"五德终始说"听上去很厉害啊，究竟说的是些什么呢？

中国古代的五行学说是很花哨的，作为宇宙基本元素的五行并非静止不动的，它们随时随地都在互相影响、互相转化。

这其中某些关系很好理解。比如水生木，就是必须浇水，草木才能生长；火生土，火把木头烧光了，变成了灰烬，那不就是土吗？再比如土克水，洪水泛滥得靠土堤、土垒来堵啊；水克火更简单，谁都知道用水能浇灭火头。

但某些关系就理得不那么顺了，土怎么就生金了？矿物大多是埋在土里的没错，可怎么能算是土生出来的呢？还有，木怎么就克土了？理论上植被保持得好，水土才不会流失嘛。

五行学说产生以后，阴阳家就开始把它们往宇宙万物上套，直接能够套上的自不必多说，瞧着不怎么能套上的，那就干脆篡改事实，以证明理论的正确。比如，用五行套五方：金代表西方，木代表东方，水代表北方，火代表南方，土代表中央。再比方说，金代表白色，木代表青色，水代表黑色，火代表红色，土代表黄色。

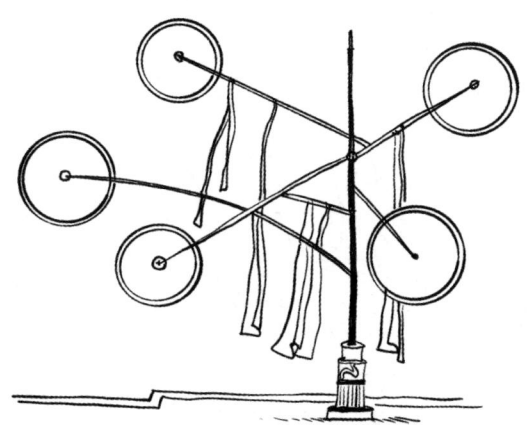

阴阳家们认为，五行可以完美地套用在万物甚至万事上。

任何事物只要能分成五类，自然就能应合五行，要是分不成五类，那是你分得不够细致。所以不仅仅有形之物、自然之物有五行，就连思想道德都能够分成五行。

比如，孙武写《孙子兵法》，提出"将者，智、信、仁、勇、严也"，阴阳家马上指出，没错没错，这就是五行所演化出来的五德！

其实不仅仅将有五德，就连鸡都有五德，《韩诗外传》中就说鸡"头上戴帽子是文，爪子能战斗是武，敌人在前敢于冲杀是勇，看到吃的互相招呼是仁，按时啼鸣是信"，归纳起来，鸡的五德是文、武、勇、仁、信。

　　然而五行是有生克的，五德有没有生克呢？就算你能硬拗出勇生仁来，也不可能搞出什么信克仁来，不是吗？但是老教授驺衍站出来明确表态：没错，五德也有生克。

　　驺老教授认为五行是上天造成万物的基本属性，五德是上天赋予人间的基本品德，任何朝代，也都必然偏重于某一种品德。更进一步，他大胆地总结并且预言，朝代更替也是德性变更的结果，这就叫"五行相胜"。

他按照五行，把五德定义为金德、木德、水德、火德和土德。他说，自从天地产生以来，五德转移，各自都有所因应的朝代……土德以后，木德继承，再然后是金德、火德、水德……就这么循环来循环去的，所以也叫"五运"。

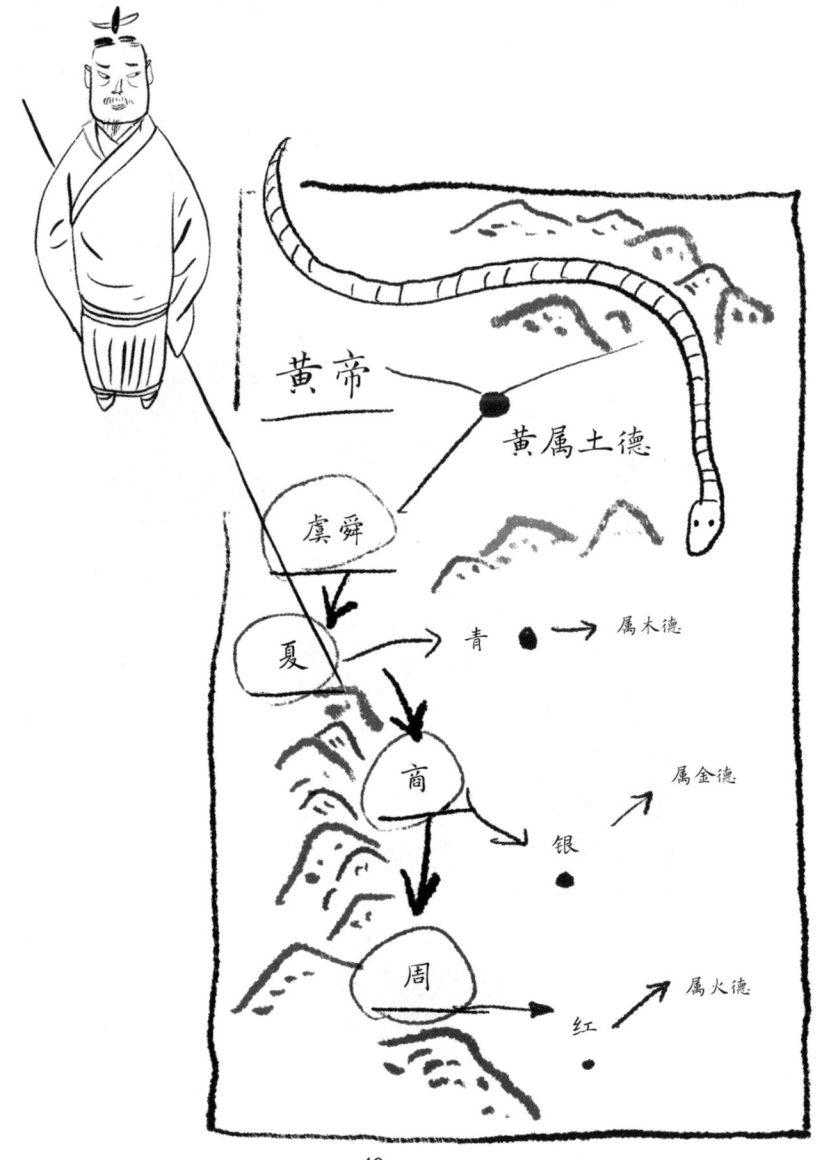

黄帝

黄属土德

虞舜

夏 → 青 ● → 属木德

商 → 银 ● → 属金德

周 → 红 ● → 属火德

40

那么，每一个朝代的德，究竟靠什么来确定呢？

靠祥瑞、祥物和谶来确定。

所谓祥瑞，就是指凭空出现的、瞧上去就必有好事情发生的各种虚无景象，比如有什么神龙、凤凰、麒麟降世啊，或者有什么不同寻常的彩云出现啊，等等。

所谓祥物，就是实实在在的、人人都能够瞧得见摸得着的吉祥物件。比如什么地方的一株稻子生了三个穗啊，什么地方的山里挖出块大玉石来啦，诸如此类，不管是真是假，是不是伪造的，起码是个人就能见着，还能去摸上一摸，不是吗？

比如最早的黄帝，他碰见过黄龙，还有一条十多丈长、几米粗的大蚯蚓，黄色属土，蚯蚓也属土，所以黄帝土德盛。到了虞舜，又称虞朝，虞朝也是土德。虞朝后面是夏朝，夏朝的开国君主大禹曾经在郊外碰到过青龙，所在之地草木茂盛，青是木色，木又克土，所以夏朝就是木德。取代了夏朝的是商朝，赶上过山里面冒出来银子的好事，故而商属金，金又克木，于是商就是金德。到了周朝的时候，周天子曾经看到过好大好大一个火流星在宫殿上空盘旋一周，变成无数的火老鸦飞散，火

克金，周自然就是火德了。

"谶"这个字的发音是"趁"，指的是可能会实现的预言。咱们这里说的谶，主要包括符谶和谣谶，所谓符谶，就是指相关预言的神秘文书；所谓谣谶，就是指民间到处传唱的神神道道、含有预言性质的调子或者顺口溜。

这个词本身没有褒贬色彩，可能预示着好事，也可能预示着坏事，还有可能对某些人来说预示着好事，对某些人来说则预示着坏事。

比如，陈胜、吴广造反的时候，自己编造了谣谶"大楚兴，陈胜王"，对那哥儿俩和楚国遗民来说，当然是好事，对秦朝来说，肯定就是大坏事。

　　老先生这么着从古到今捋了一通，然后满意地捋捋胡子：没错，没错，五德就是这么循环交替、贯彻始终的——这就是"五德终始说"。

　　"五德终始说"可是个大大的好东西，因为这套理论的包容性特别高，谁都可以按照自己的需求去修改。按它的本意，只有拥有正经德性的势力才能推翻前朝，创立新政权。但是此后大家都反着用，先捏掉前朝，然后

你该上场了！

叶真，看着还是有道理。

再给自己配一个合适的"德"，以证明自己是受命于天的合法政权。这就好像是先上车后补票，先打下伊拉克再找大规模杀伤性武器一样，古今道理都相通。

46

历代造反派都应当感谢驺衍，因为既然有了这样一种先进的理论来武装和指导，那么大家吹嘘起自己的"受命于天"来就更加理直气壮了。首先发现这种好处的就是大名鼎鼎的商人、政治家吕不韦，他不仅让门客把这套理论写进了《吕氏春秋》里，而且按照"五德终始说"为今后新王朝的创建积极筹备理论基础：周是火德，水能灭火，水克火，嗯嗯，那么取代周朝的自然就该是拥有水德的王朝啦。

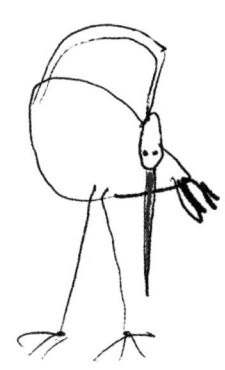

《吕氏春秋·应同》里对王朝德性的说明，比当年骀老教授所言更为详细，说明了这门学问始终是在向前发展的。书中说，大凡将有新的帝王、新的王朝兴起，上天一定会先降下祥瑞预兆来提醒老百姓。比如黄帝的时候，上天先生出大蚯蚓和大蝼蛄来，于是黄帝就说："土气胜！"所以流行黄色服装，办事也很土。

等到大禹的时候，草木经过秋季、冬季都不凋零，于是大禹就说："木气胜！"所以流行青色服装，办事也很木。等到成汤的时候，上天先从水里生出一柄金刃来，于是成汤就说："金气胜！"所以流行白色服装，办的都是金事。等到周文王的时候，上天先派火老鸦叼着大红文书聚集在周朝的宗庙里，于是周文王就说："火气胜！"所以流行红色服装，办事也很火。替代火德王朝的，一定是水德王朝，上天一定会先预兆水气胜，所以流行黑色服装，办的事情都非常水……

当然啦，吕不韦是秦国相邦，肯定得为秦国说话，他这是先埋下伏笔，给新王朝的诞生做政治宣传呢。终于，嬴政扫荡六国，一统天下，并且自封为秦始皇了。于是驺老教授的徒子徒孙们就主动冒了出来，他们说："当年秦文公出门去打猎的时候，打到一条黑龙，黑色属水，由此可见，我强秦统一天下本来就是上天注定的事情啊！"

五行相克，
顺应天意！

51

秦始皇听得有趣，又找来吕不韦的书一翻："哦，仲父早就预见过啦，周朝是火德，我大秦是取代了周朝的，果然是古往今来第一号水德王朝。"

秦始皇虽然逼死了吕不韦，但那是政治需要，他对这位老师加"仲父"的学问还是挺佩服的，况且又对他有用，于是秦朝是水德王朝这件事就这么确定下来了。秦始皇还特意把黄河改名为"德水"，以炫耀自己政权的正统性。

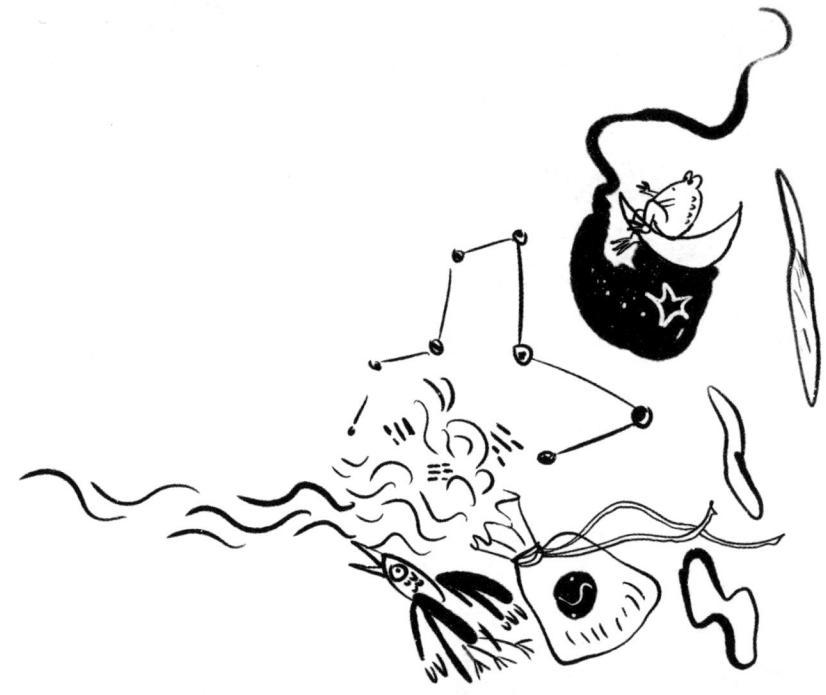

54

以往夏商周的"德性"都是后人追认的，从秦朝开始，中国王朝才第一次真正有意识地利用这套"五德终始说"，来系统地为自己的正统性做证明。

然而，秦朝这个很水的政权历二世而亡，水德终究没能保佑中国第一个大一统王朝按照秦始皇的天才创意传至秦千世、秦万世。接下来就是楚汉相争，而"五德终始说"也因此又掀开了乱七八糟的一页。

秦二世三年（前 207 年）年底，赵高逼死了秦二世胡亥，接着秦始皇的孙子子婴又杀了赵高。

子婴当秦王才四十六天，刘季就杀进咸阳，灭掉了秦国，但他也没能赶紧把汉朝建立起来。一个多月以后，项羽率领诸侯联军进入咸阳，宰了子婴，然后把刘季赶去西边的穷乡僻壤，封他做了汉王。当了整整四年汉王，刘季才终于称帝，建立汉朝，史称西汉。

所以说，秦、汉之间有将近五年的空白期，历史上叫它"楚汉之争"，其实，也可以叫它"西楚朝"。

秦始皇嬴政

赵高逼死胡亥

锋芒太过，有啥好处？低调，乃为称王之正道。

小样儿，汝之父母都在吾手，尔安敢同吾作对？

漢　漢

怒斩赵高

项羽杀子婴

楚汉对峙

汉高祖刘邦

西楚朝

57

且说汉王二年（前 205 年），这时候刘季大概已经改名为刘邦了，他正在跟名义上的天下共主、西楚霸王项羽连番恶战。连老婆孩子都被敌人给逮了去，自己是连滚带爬地逃回了关中。这位仁兄没心没肺地躺在秦朝旧宫里，晃着脑袋问部下："这个……秦朝当年供的都是些什么神哪？"

　　部下告诉他，秦朝祭祀的是四方天帝：青、白、赤、黄。刘邦皱着眉头想了一会儿，说："我听说一共应该有五帝呀，这怎么才四个？"大家伙儿都说没听说过，不清楚，刘邦说看来还有一个黑帝，得等着我这位真命天子来帮他建祠堂了。

　　于是乎，刘邦就开始建庙祭祀黑帝，谁料想他这个在当时几乎是毫无意义的劳民伤财举动，对日后却产生了深刻的影响。

青帝伏羲

白帝少昊

黄帝轩辕

赤帝神农

59

皇帝正确打开方式

一规矩二规矩三规矩四规矩五规矩

六规矩七规矩八规矩九规矩

十规矩十一规矩十二规矩十三规矩

做皇帝还有说明书，不错，不错。

还行吧，有规矩才好办事。

西汉王朝初建的时候很没有规矩，因为刘邦嫌秦朝那一套礼仪太烦琐，下令都给废了。结果在朝堂之上，群臣肆无忌惮，胡作非为，一边喝酒一边表功劳，闹急了干脆拔出剑来砍柱子，把坐在上面的皇帝给吓个半死。好在这时候，有个叫叔孙通的儒生站了出来救驾，说这是上朝议政，不是酒馆聚会啊，得定朝仪，让大家伙儿都讲规矩。刘邦说好，你定套比较简单的试试，大家伙儿都是乡下人，太复杂了谁都搞不懂。

于是叔孙通就带着他的一大帮弟子开始制定朝仪，定完了还得费劲儿地教会群臣。刘邦这下高兴了，说："直到今天，我才知道当皇帝原来这么尊贵啊。"

叔孙通 个人签名：非一般的儒生

为大义而不拘小节
司马迁

善用盗贼，有理
曹操

制定礼乐，退一时之功
司马光

定了一套规矩，刘邦满意了，就难免会想再造一套。有人就想起了德性的事情，请示刘邦：您看咱们得算是哪一德？

　　刘邦傻呵呵地说："你看，当年黑帝就等着我给他立祠，说明天命在我这儿，水德尚黑，那咱们汉朝就是水德吧，大家继续穿黑衣服。"

　　"咣当！"旁边一百个人倒下九十九个。

刘邦开口说咱就水德吧，这一方面说明他没文化，另一方面也正说明了斩白蛇起义的故事这时候还没有编造出来。否则的话，上天的预示早就给了呀，你刘邦是赤帝子，赤色是五行中火的颜色，那么你建立的汉朝当然应该是火德了。即便是水克火，水德的秦朝却偏偏被火德的汉朝给灭了，有点儿说不大通，也终究比直接定水德来得靠谱点儿吧。

老刘家就算不找个能克水的德性，也不能跟着秦朝走啊。

何况秦朝办的是水事，按照后来司马迁总结的，就是毫无人情，彻底法制，法律规条还极其烦琐、严厉。老百姓最烦也最恨的就是这些玩意儿。如今刘邦偏还要选水德，那不就等于宣告全天下：俺们跟暴秦根本是一伙儿的吗？

所以听了刘邦的话，群臣是面面相觑，都不知道该说什么才好。不过周围的人虽然倒下了九十九个，还真有一个没倒的，这个人就是张苍。

张苍曾经担任过秦朝的御史，精通天文历法，他装模作样地推算了一番，继而严肃地帮刘邦解释道："暴秦那根本就不能算是一个朝代。夏、商、周都有好几百年，暴秦才十来年，怎么能算朝代呢？咱汉朝出身正统，直接继承的是周代的正朔，周代是火德，水克火，所以咱们是水德，正合适——陛下英明，陛下伟大，陛下说得一点儿都没有错！"

别看张苍的这个借口很牵强，却为后世无数王朝开创了一个恶毒的先例。以后经常有人拿类似的说法作为理由，把不顺眼的前朝忽略掉，改为继承一个比较光彩的朝代，充分显示了"五德终始说"的柔韧性和可塑性。

火德

周

暴秦才十来年,不算朝代,踢走了事。

秦始皇

张苍

这也行吗?

漢

张苍精天文,懂历法,善圆润 水德。

水德

67

咱们再把话题拉回开篇那个司马迁堂而皇之在《史记》里记录的刘邦斩白蛇的荒诞故事，倘若把这个故事里的五行特质与五德相对应，则秦朝应该是尚白的金德，汉朝应该是尚红的火德。那么理由是怎么来的呢？很简单，因为西方属金，而秦国位于西方，南方属火，楚国则位于南方，所以才会拿"白帝子"来称秦帝，用"赤帝子"来称原为楚人的刘邦。这个荒诞故事对于刘邦敲定汉朝究竟属于哪种德，可以说毫无影响，但是谁都料想不到，在《史记》完成多年后，这个故事竟然又被翻了出来——此乃后话，暂且不提。

　　由此可知，刘邦随口敲定汉朝为任何一德，其实都不算什么大问题，马屁精们总能找到各种理由来证明"陛下圣明"，而对老百姓来说，他们都未必知道秦朝曾自认是水德，当然更不会把秦朝的暴政跟刘邦的水德认同画等号了。

69

但是歪理也有看似圆不圆的问题，张苍这种超强的柔韧性很难得到某些认死理的贤人的认同。

比如大名鼎鼎的贾谊。

贾谊是西汉著名的文学家、政论家，他年方弱冠就被汉文帝相中，年纪轻轻登上了高位，所谓"木秀于林，风必摧之"，他当即遭到朝臣们的嫉恨，谗言满天飞，文帝被迫贬他为长沙王太傅，后来一度将他召回长安，可是又派他去担任梁怀王太傅，才三十二岁就一命呜呼了，为此深得后人的惋惜和缅怀。司马迁在《史记》里竟然把他跟屈原并列一传，也表示他的冤屈之深，跟屈原有一拼。

就是这个贾谊，他年轻气盛，不畏权贵，更不怕张苍这种假学术权威，因而在汉文帝二年（前178年），直接上疏文帝，说按照五行相克，土克水，所以大汉应该是土德，才能克掉水德的秦朝，强烈建议立刻全国改德，服装变黄——这大概也是文帝把他一脚踢到当时还很偏远、很蛮荒的长沙国的原因之一吧，这说法也太反潮流了！

到了汉文帝十四年（前166年），一个名叫公孙臣的鲁国人再度发难。他在给文帝的奏表中预言说，根据符谶，过些日子将会有一条黄龙出现，黄色在五行里配的是土，所以汉朝应该奉行土德才对。

而且过了没多久，就有公孙臣的同党跟着上奏了，说小人确确实实在成纪瞧见好大、好恐怖的一条黄龙。这一回张苍可是有苦说不出了，人家一口咬定看见黄龙出现，然后又飞走了，你又证明不了人家是扯谎的。

公孙臣开了一个很恶劣的头——要知道，这种声称发现祥瑞的事成本相当之低，但是收益很高，于是后世纷纷效法。所以我们翻开史书，经常可以见到某年某月某日，谁谁谁在哪儿又瞧见一条龙，或者瞧见只凤凰、麒麟啥的，特报祥瑞云云，种种学术造假的根子大概就在公孙臣这里。

正当文帝做好准备，打算听从公孙臣的话下令改德，同时大家伙儿也都预备换服装的时候，突然出了另外一档子事，把文帝搞得龙颜大怒，一拍桌子改主意了。

有一个人名叫新垣平，和公孙臣一样，都属于方士或者阴阳家一派，给文帝上奏，说他瞧见长安东北方有五彩

作为虚拟主角，我可以按客户要求，随时出现……

三人合力，假也成真，汝别不信。

公孙臣

失算。

张苍

73

的神气，应该建所庙宇来祭祀。他还伪造了一只玉杯，上刻"人主延寿"四个篆字，诡称是一个仙人送给文帝的，同时献了上去。按照咱们前面的分类，说见着五彩神气是报祥瑞，献上玉杯则是造祥物。

文帝一接到玉杯，那真是爱不释手，他本来心眼儿就实在，加上耳根子软，当场就信了，立刻下诏建五帝庙，还封新垣平做上大夫，赏赐了不少好东西。但张苍经过暗中调查，找到了帮新垣平在玉杯上刻字的工匠，于是立刻上疏揭发。

汉文帝从此对方士、阴阳家那是恨之入骨，对种种祥瑞预兆也都心灰意冷了。公孙臣也连带着遭了池鱼之殃，立刻失了宠，因而改水德为土德之事，也就此不了了之。

汉文帝以后是汉景帝，汉景帝以后是汉武帝，直到武帝初年，大家伙儿还是习惯性地认为汉朝属于水德。武帝甚至还进一步发挥，干脆把刘邦设立天水祠的上邽归为天水郡。

直到日历翻到汉武帝元封七年，即太初元年（前104年），当时正担任太史令的司马迁等人上疏汉武帝，说现在的历法乱七八糟，尤其咱汉朝得到天下之后还没有改过"正朔"，所以得将其重新整顿和编制一下。

对古代王朝来说，定历法可是大事，直接关系到老百姓的农事，也直接影响到朝廷对于农业问题的施政方针。而在那时候，农业问题是全社会最根本的问题。

按历法，此刻当播种……

"正朔"又是啥呢？一年之首就叫"正"，一月之首就叫"朔"，所谓正朔，就是说历法以哪一月、哪一天作为一年的开端。对打工人来说，就是定哪天是除夕，哪天是初一，哪天开始放春节长假。

　　传说夏朝的时候，是以冬至以后第二个月为正月，算一年的开端的；商朝给变了，以夏朝历法的十二月为正月；周朝以夏朝历法的十一月为正月；秦朝以夏朝历法的十月为正月。之所以这么改来改去的，大概是为了表示他们跟前朝不同，有新气象、新历法吧。

　　所以按照规矩，汉朝替代了秦朝，也得改个"正朔"，当年刘邦那大老粗想不到这点，也没人提醒他，所以没改。大家伙儿还是沿用秦朝的历法，按大秦的算法在十月初一过年。

这些烧脑的历法！

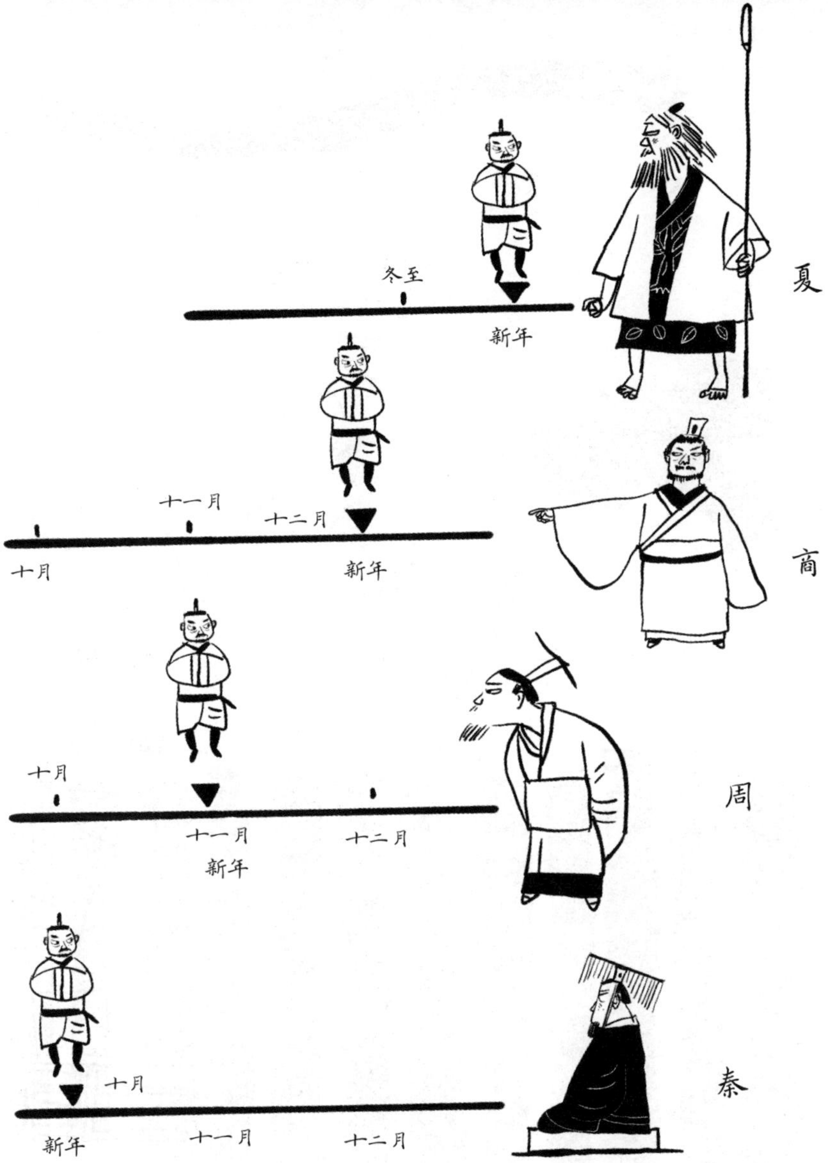

冬至

新年

夏

十一月　十二月

十月　　　　　新年

商

十月

十一月　　十二月

新年

周

十月

新年　　十一月　　十二月

秦

79

对于改历法这种大事，汉武帝可不敢轻慢，当即准奏。新的历法定名为《太初历》，武帝还把这一年的年号改为太初元年。

当时编历法的几个人觉得学商、周、秦三朝，一个月一个月往前推正朔太麻烦了，干脆恢复夏朝正朔，还是在一月初一过年，一月的"正月"名分就此固定下来。两千多年过去了，历代王朝都说定正朔、定正朔，实际绝大多数情况下，并没有真的改变过一年的开端，所以咱们现在所用的农历，都还有着"夏历"的别名。

此时有人重提当年贾谊和公孙臣的建议，要求抛弃水德，改奉土德。武帝跟他太爷爷刘邦不同，是个有文化的君主，也觉得当初张苍的那套鬼话实在编不圆，就此准奏。

当时的儒家大宗师董仲舒提出了一个全新的"三统说"。按照这种理论，一年分十二个月，对照着天地间的十二种颜色，而其中有三个月最为关键，也就是十一月、十二月和十三月。

等等，哪里来的十三月？

我们前面说过，夏、商、周、秦，各朝所规定的正月都不相同，所以董老爷子为了表达清晰，直接从二月开始数，数了一圈回来，一月就成了第十三个月，龙头变凤尾了。

这三个月正当冬季，正是万物蛰伏、即将复苏的时候，象征着新的正统王朝即将诞生，所以各代的历法，就都从这三个月里挑一个当成一年的开端，定为正月。

十一月的颜色是赤色，所以周朝以十一月为正月，就代表了天统，尚赤；十二月的颜色是白色，所以商朝以十二月为正月，就代表了地统，尚白；董老宗师没提夏朝，但他说了十三月的颜色是黑色，黑色是正统轮替的开端，也就等于承认以一月为正月的夏朝为人统，尚黑。最后他说，根据研究《春秋》所得，新王朝应该正黑统，以一月为正月，尚黑。

就正朔问题而言，他的话跟司马迁等人的一致，但就德性问题而言，三统说天然地跟五德说存在矛盾——黑是水的颜色，"黑统"云云，那就是说汉朝还该是水德呀。

在我们现代人看来，张苍、董仲舒坚持的水德，公孙臣、司马迁坚持的土德，不过是写小说的设定分歧罢了。但在那时候可是了不得的、牵一发而动全身的大事。

要知道，汉武帝是为了给他的开疆拓土提供理论依据，才把本来在朝堂上没多少影响力的儒家给翻出来的。

他先是把儒家的平民政治家公孙弘提拔为丞相，接着又搬出了正在河北乡下写书的儒家大宗师董仲舒，把他请去都城长安。董仲舒一番高论，彻底把儒家绑在了统一王朝的战车上，为天子统治全天下编造理论依据。对于这种实用的理论，武帝哪有不喜欢的道理呢？于是当即下诏："罢黜百家，独尊儒术。"

所以对于董老宗师的设定，汉武帝是不可能不给面子的，不能直截了当地说阴阳家的五德说是对的，儒家的三统说就错了。那该怎么办才好呢？

没关系，汉武帝雄才大略，他既能接受人为编造的理论，也能自己编造理论，干脆玩一把中庸，把三统说中的正朔和五德说中的服色给糅合起来，编成一门边缘学科，从此定为官方理论。他在泰山封禅的时候搂草打兔子，诏告天下，这才总算使得长时间的争议告一段落。

从汉初延续下来的"汉应水德"大笑话终于在九十二年后收场了。

在汉武帝的威光普照下，确定了汉朝应土德。而儒家的"三统说"也和阴阳家的"五德终始说"合二为一，方士、阴阳家们一步步退出历史舞台，从此推演五德的重任就交给了也逐渐变得神神道道的儒生们。

　　土行的颜色是黄色，所以土德王朝的官员得穿黄袍子，汉官的服色是赭黄，说白了就是土黄色。

　　说句题外话，按照汉朝的印染工艺，估计还做不出杏黄、明黄那么鲜亮的料子来。

再说句题外话，后来官员的袍服主色越来越多，越来越杂，甚至根据官品高低还必须使用不同的颜色，赭黄就变成皇帝的服色了（但不像"朕"这个字眼儿一样是独享的），再后来皇帝改穿赭红袍，到了清朝才改成了独享的明黄袍。

汉景帝

楚王刘戊

汉武帝

汉昭帝

汉宣帝
刘延寿

汉景帝的时候爆发过"吴楚七国之乱"，当时的楚王是刘戊，因为参与造反，战败后走投无路自杀了。汉景帝宽厚，没忍心废藩，就让刘戊的弟弟刘礼继承了王位。刘礼往后又传了四代，到了汉宣帝的时候，这一代楚王刘延寿又打算谋反，还没等动手阴谋就败露了，被迫自杀，楚国终于还是被灭掉了。

　　楚是被灭了，这一系的王子王孙可没有死绝。汉元帝的时代，终于出了个才华出众而又忠心耿耿的刘向。刘向不但是副国级的高官，还是著作等身的大文豪，编写过《别录》《列女传》《说苑》等好几部书。

　　刘歆是刘向的儿子，本身也是强人一个，不光文科成绩好，理科也不含糊，曾经研究过圆周率，还打算重新修订又开始走形了的历法。

这时候，西汉朝已经彻底由儒家一统天下了，汉元帝崇儒崇到了令人匪夷所思的地步。刘向、刘歆父子本身就是大儒，再赶上这一时代风潮，于是刘歆在修订历法的时候，就彻底采用了董仲舒的"三统说"，编成了一部《三统历》，并且获得官方认可，在汉成帝绥和二年（前7年）正式开始实施。

刘歆既然这么崇拜董仲舒，本人在当时也算是一代儒家宗师，自然对本来由阴阳家们推算或者说编造出来的"五德终始说"不大满意——竟然和"三统说"有矛盾，是可忍，孰不可忍——于是他就挖空心思去揪五德学说的漏洞。在老爹刘向曾经基于同样的理由搞过的一些研究的基础上，很快，刘歆就打了一个大胜仗，从而彻底埋葬了阴阳家们对官方德性学说仅存的一点点影响力。

汉儒跟孔子之儒、孟子之儒是不同的。孔子曾经说过"敬鬼神而远之"，孟子也差不多。可是到了以董仲舒为代表的汉儒这儿，儒家却吸收了大量方士和阴阳家的论调，开始讲"天人感应"，也开始大范围研究并大规模制造迷信了。刘向、刘歆父子作为董老宗师的徒子徒孙，当然也

不能免俗，这爷儿俩都极喜欢"谶纬之学"。

"谶"咱们解释过了。所谓"纬"，就是汉儒附会传统儒家经书所新编的一系列教材，跟"经"书相对，所以叫"纬"。"谶纬之学"，说白了就是拿迷信往儒家理论上去套。

有人根据《汉书·五行志》的记载做统计，算出刘向父子所推测的各种天灾人祸、灵异事件以及祥瑞预示，总共有一百八十二件，发表相关理论二百二十六则，是汉代儒生里面玩得最欢的，别人就算坐飞机也赶超不了。

这样的父子俩，怎么可能不痴迷五行、五德之类的言论呢？就算类似言论跟董老宗师的训示有矛盾，他们也会尽量去加以修订，而不会一棍子把五行、五德彻底打翻在地的。

于是这父子俩拼了命地在故纸堆里狂翻，找"五德终始说"哪一点有问题，他们相信只要修订了那一点，就能让五德、三统这两种学说完美地融为一体。

他们在《易经》中发现了一句"帝出于震"，是越琢磨越不对劲儿。你想啊，阴阳家们都说第一代人主是黄帝，

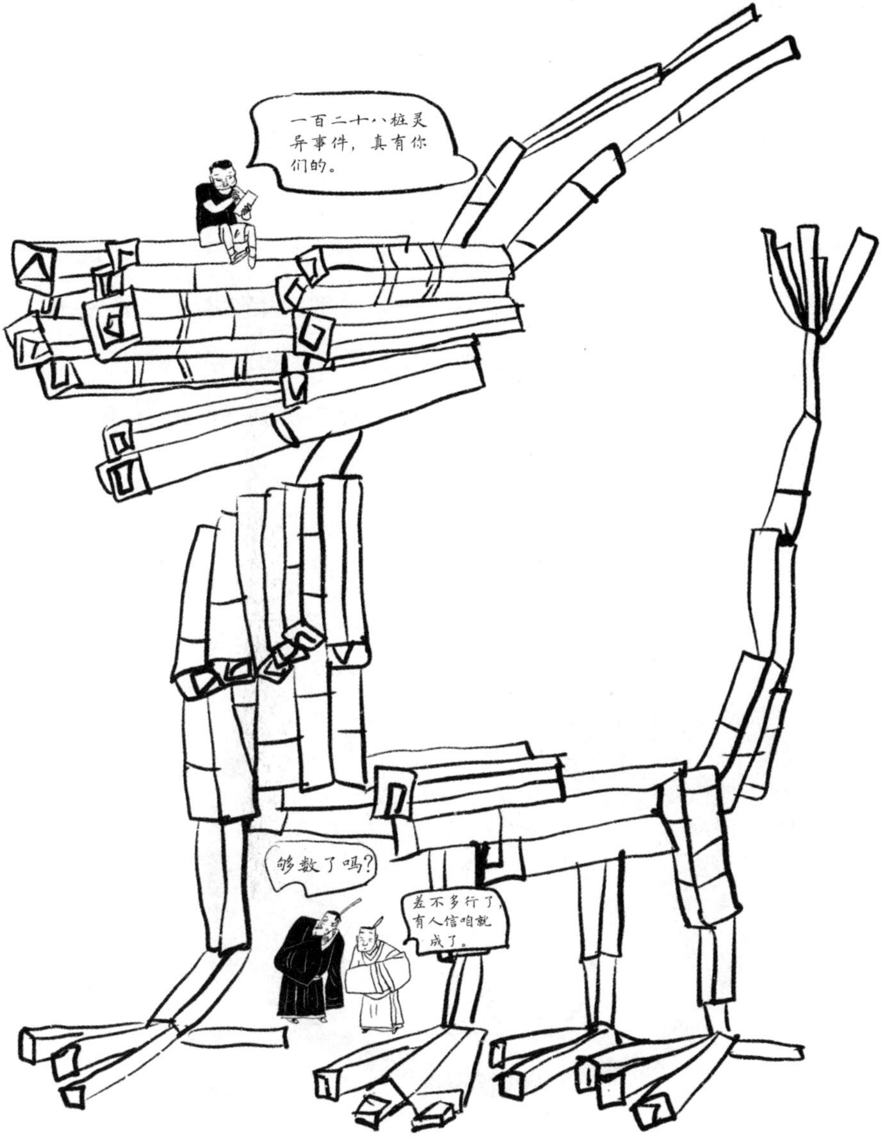

97

论德性也是从黄帝开始，可是根据五行学说，黄帝的位置是在中央，属土，八卦里的震位则指的是东方，属木，这不矛盾吗？

刘歆经过长时间的钻研以后，给出的最终结论是："五德终始说"理论上是对的，但在具体研究上走差了。——你看吧，果然有关天道之事，还得咱们儒生来讲，阴阳家们学艺不精，摸着了门儿却走错了道儿。

首先，德性该从伏羲开始算，而不是从黄帝开始算，伏羲的时代应该在黄帝之前。

99

其次，驺衍说德性是"五行相胜"，也就是说五德的排序是后一个德克了前一个德，这从根本上就有问题，应该按照董仲舒老宗师说的，"五行相生"，也就是说五德的排序是前一个德生出了后一个德来。旧王朝灭亡不是被新王朝给克掉的，而是历史使命终结，自己咽了气的。正统新王朝的诞生，那都是顺应德性而生的，根本就不该有暴力。

秦朝不以德治国，而是以严刑峻法治国，所以没有资格算"德"国，只能叫"闰统"。闰就是额外多出来的，比如闰年、闰月，所以秦朝是额外多出来的，计算五德轮替，不能算到它头上。

再者说了，按照"三统说"，正统王朝就该定十一月、十二月或者一月为正月，秦朝却偏偏定十月为正月，不正说明它不正统吗？

于是，刘歆在《三统历·世经》中，把驺衍和董仲舒的理论框架都摆上去，然后合而为一，重新设计出了一个更为恢宏的德性世系表。

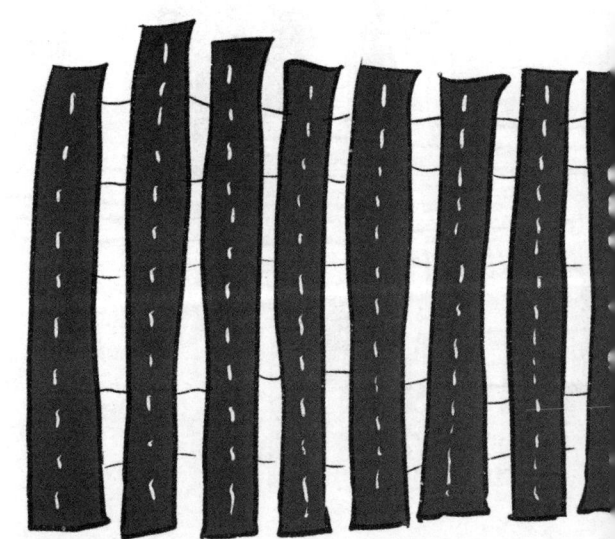

103

在这个表里，伏羲是当仁不让的第一位，他上承还没有建国的钻木取火的燧人氏，应该算是木德；炎帝承接伏羲，木生火，于是炎帝就是火德（他还顺便敲定了炎帝就是神农氏）；接下来火生土，黄帝就是土德；少昊以金德承土。按照这种规律一路推演过去，到了周武王的时候，水生木，于是周朝就是木德。秦朝忽略不计，那么汉朝直接继承的是周朝，木生火，汉朝理所应当该是火德嘛。（准确地说，秦并没有被忽略不计，但级别比其他朝代低了一等。）

你瞧瞧，这么一来，当年高祖皇帝斩白蛇起义的事就彻底归位了，这才是上天最准确的预兆啊。汉朝是火德，所以刘邦是"赤帝子"，严丝合缝，理论和"事实"绝对一一对应，毫厘不爽。刘歆的"新五德学说"，就此热腾腾地出笼。

104

燧人氏

伏羲

木德

炎帝＝神农氏

火德

你是神农，
我是谁？

黄帝

土德

少昊

金德

105

当然，刘歆这一套花样也并不是毫无漏洞的，比如董老宗师曾说商朝"正白统"，那就该是金德，周朝"正赤统"，那就该是火德，新王朝即汉朝"正黑统"，那就该是水德，怎么到刘歆这儿就变成了商朝是水德，周朝是木德，汉朝是火德了呢？原来他干脆把三统的颜色和五德的颜色给拆分了开来。

后来有本叫《春秋感精符》的纬书里就解释得很清楚——

周朝以木德称王，火是木之子，所以用火的赤色；商朝以水德称王，金是水之母，所以用金的白色；夏朝以金德称王，水是金之子，所以用水的黑色……

怎一个乱字了得？

好嘛，三统和五德这一混搭，问题搞得更复杂，也更混乱了。

现在就算一条街道改名，都得造新牌子、换新地图，且一通折腾，耗费极大成本，更何况是全国都改换个德呢？光是把所有官员的衣服、挂的旗帜换一遍，这成本就海了去了。所以刘歆拼命鼓吹，但是朝廷坚决不点头，下面也没多少人跟着起哄，这件大事就这么被晾在了一边。

109

倘若刘歆是个没野心、没欲望的老好人，大概他的新理论也就跟当年贾谊给汉文帝要求改德的上奏一样，就此被扫进朝廷的垃圾堆了吧，至于以后还会不会有公孙臣、司马迁之类继续高举革命大旗的人再给翻出来，那可说不准了。然而刘歆坚决不肯放弃——这套理论要是被官方认可了，老爷我就比"谈天衍"还能谈天，是直继董老宗师衣钵的当代第一大儒了，这么响亮的名头怎可不拼了老命去争取？

于是刘歆到处游说、打点，你还别说，真被他找到了一个知音，并且这个知音没多久就一步登天，掌握了朝廷的实权。

刘歆找到了王莽，一个积年老神棍和一个积年老幻想家一拍即合。

西汉终结，新朝建立。

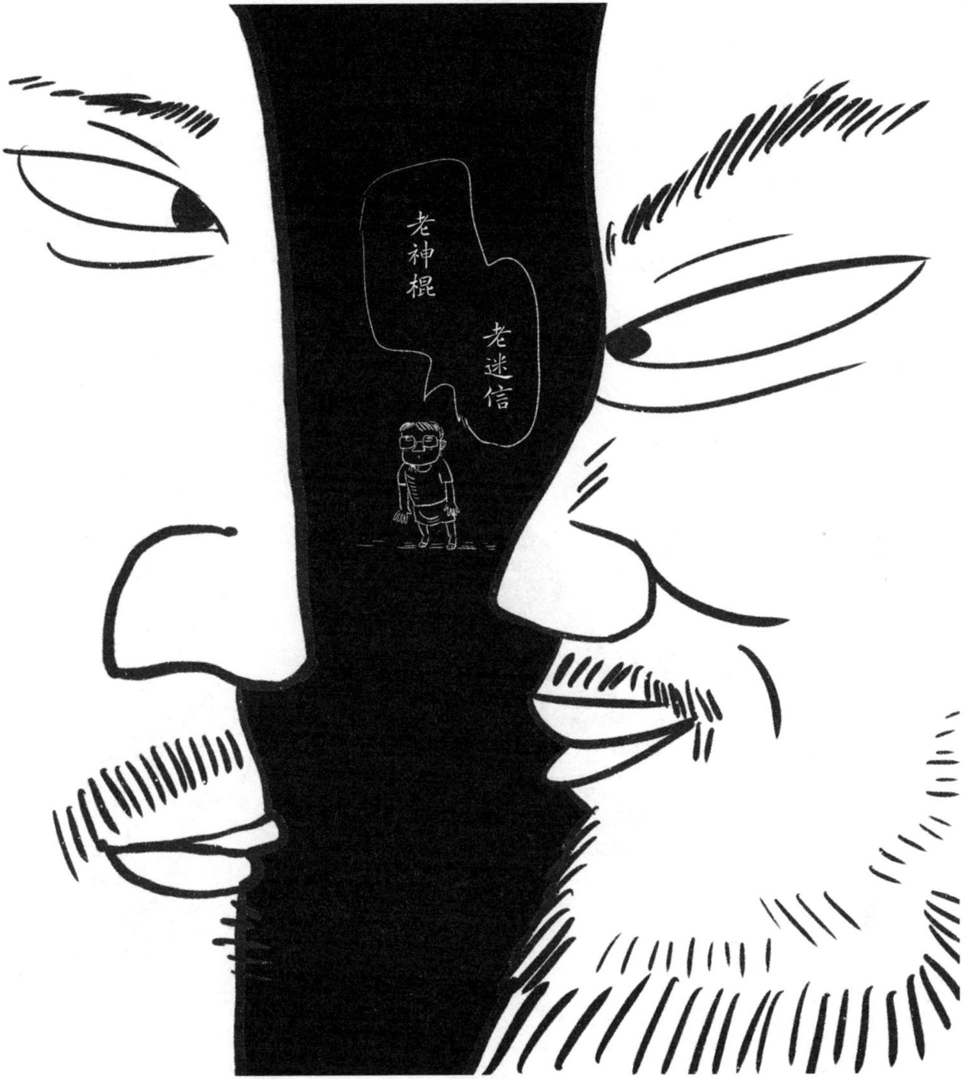

111

西汉朝两百年官方承认的祥瑞，或许还没王莽称帝前几年来得多。

比方说什么禾苗长了三丈长啊，一根麦上生三穗啊，不播种就自然生谷子啊，没有蚕却自然生出茧来啊，天降甘露啊，地生清泉啊，凤凰呼啦啦都飞了来，巴郡出现石牛啊，等等。千奇百怪，无所不有。

按照新旧五德学说，这些天降祥瑞不是保佑旧王朝太平无事，就是说明新王朝将要诞生。

可是新王朝该怎么建成呢？

　　王莽是位讲"仁义"的大儒，他才不搞什么暴力革命，他要搞和平演变。这也正好跟刘歆上承董仲舒的"五德相生"说法相吻合。刘歆的新理论对他这么有用，哪有不拼命利用的道理？

　　于是最离奇的一幕终于出现了。公元 8 年的十二月，某天黄昏，突然不知道从哪儿冒出来一个超级胆儿肥的闲人，名叫哀章，他穿一身黄衣服，捧着一个铜盒子来到汉高祖刘邦的祭庙前面，把铜盒子交给了守庙的官员。官员把铜盒上交，王莽打开来一瞧，只见里面装着一份"天帝行玺金匮图"，还有一份"赤帝行玺某传予黄帝金策书"，都写明了"王莽为真天子"，并且列出了十一个人名，都附上了相应的官爵，说应当做新天子的重要辅佐——当然啦，哀章本人的名字也堂而皇之地写在里面。

学术界一般都认定，这套花样不是王莽授意的，而是哀章为了当官自己伪造的，他就此得偿所愿，把王莽扶上了皇帝的宝座，自己也落着个国将、美新公的好头衔。不过我们注意一下，"赤帝行玺某传予黄帝金策书"这几个字，说明要求刘邦把刘家天下传给王莽的是"赤帝"，也即火德天帝，这是按照刘歆的理论，认定汉朝为火德。由此可以证明，王莽在执政以后，就基本上认可了刘歆的研究成果。

前面说了，刘向、刘歆父子俩最喜欢新造理论，而当理论跟古籍相冲突的时候，他们就毫不脸红地借着职务之便篡改古籍，自己写了东西却说是古人所作。比如《庄子·内篇》，就有学者怀疑是刘向所伪造的。

还记得本书开头那个刘季斩白蛇起义的故事吧？

顾颉刚先生就认为这不是《史记》的原文，而是刘歆为了证明汉朝属火德，特意新插进去的——司马迁是无辜的。

但钱穆先生又有不同的看法，他认为"赤帝子"什么的只是秦末汉初对五种颜色、五方天帝崇拜的表现，跟五德压根儿就没关系，所以这故事确实是刘邦以后、司马迁之前就流传着的，也确实是司马迁写进《史记》里去的。

于是乎，"斩白蛇"的悬案一直传到了今天，还没有定论。

说吾伪造，实属冤枉，艺术加工而已。

竹简好操作！

刘歆

刘歆

自此更名刘秀

一般来说，贩毒的自己都不吸毒，跳大神的自己都不迷信，可专好制造谶纬的刘歆，自己却真的相信谶纬这回事！

汉哀帝建平元年（前6年），也不知道为什么，民间流传起了一则谣谶："刘秀发兵捕不道，卯金修德为天子。"刘歆听说以后大喜，赶紧找借口把自己的名字改成刘秀，美滋滋地以为今后有机会当皇帝了。可惜刘歆不知道，恰恰就在他改名后第二年，一个也叫刘秀的小孩子在济阳那地方出生了。

这位真刘秀长大以后，有一次，一个名叫蔡少公的朋友当着他的面提起这则谶言，说是不是应在当今的国师爷身上呢？刘秀微微一笑，说："你咋知道一定不是在讲我呢？"

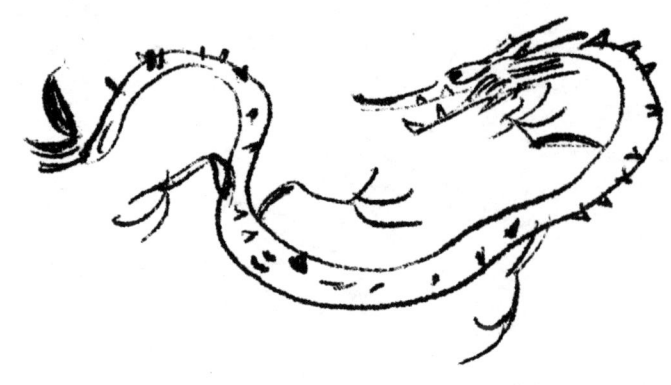

　　而那位国师爷、嘉新公假刘秀真刘歆，从此就老存着应谣谶、当皇帝的念头，终于被人撺掇着造了王莽的反。想当年周武王想造商纣王的反时就先算卦，刘国师跟王莽一样复古，也先算卦。周武王算卦不吉，有姜太公踩碎乌龟壳来推他一把，刘国师身边没这样的猛人，结果先算出说只有在东方才能成事，临出兵了又说等太白金星出现咱再走，结果拖拖拉拉地贻误了战机，轻摇慢步地走上了死路。

　　章太炎曾经评价说："孔子以后的最大人物是刘歆。"顾颉刚先生也称赞刘歆是"学术界的大伟人"，可是这位大伟人却因为深受封建迷信的毒害而死，想起来也真是可怜。然而可怜之人，必有可恨之处。

据说轮到我刘秀称帝了！

在王莽倒行逆施的复古政策下，土德的新朝只延续了短短的 15 年。到了公元 23 年，更始帝刘玄率领着汉军浩浩荡荡地杀进了长安城，王莽身首异处。可是那些所谓的汉军，前身不过是绿林军而已，绝大多数成员都是大老粗，没规矩、没秩序，乱哄哄地穿着各种奇装异服就冲进了城，甚至还有把抢来的女人衣服裹在自己身上的。只有其中一员将领，他的部下是一水的汉朝官服、兵服，长安老百姓瞧着直掉眼泪啊："想不到咱有生之年，还能再看到汉官的威仪啊！"这位将领是谁呢？原来就是那个来自济阳的真刘秀。

我，真秀！

刘向父子大编祥瑞，大造谶纬，并不是他们家族特有的恶趣味在作怪，而是当时社会上，从皇帝到官员到百姓，普遍就好这个，就信这个。谁也不能免俗。

当刘秀打下河北以后，从前在长安跟他住同一间大学男生宿舍、睡上下铺的儒生强华就马上献了一篇《赤伏符》，上面写道："刘秀发兵捕不道，四夷云集龙斗野，四七之际火为主。"符名为"赤"，符言里又说"火为主"，无论这谶纬是强华自己编造的，还是刘秀指使他编造的，总之，都等于承认了汉朝是火德。

后来班固编史书写到这段，觉得这个"土德变火德"不大好解释。他比较滑头，在《汉书》里照抄刘邦当年那个斩白蛇称"赤帝子"的故事，以此来证明汉朝确实是火德。

这以后，终于尘埃落定，汉朝（其实是东汉朝）就是火德了，并且因此产生了

127

两个专用称谓，一个叫"炎汉"，一个叫"炎刘"，得到官方和民间的一致认同。从前的水德和土德，反倒再没有人提起了。

东汉朝正了火德，大家都改穿龙虾袍，也就是所谓的"尚赤"。

"尚"的意思就是崇尚、尊重，全社会最尊崇这种颜色。咱们要知道，是先有了德，才有相应的"尚色"，换句话说，在骆老教授提

你只会染白色的布，我只想要其他颜色。

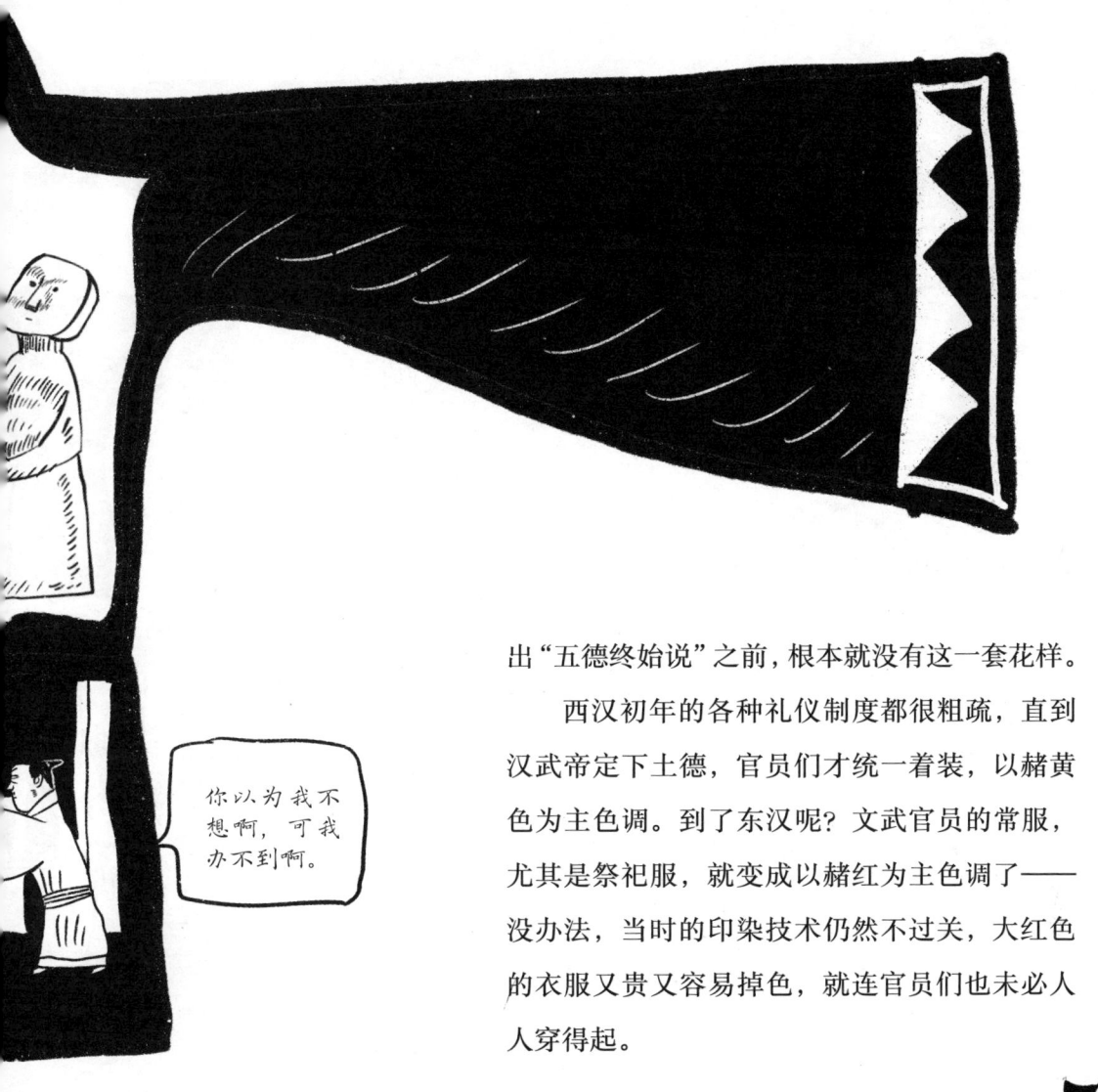

出"五德终始说"之前，根本就没有这一套花样。

西汉初年的各种礼仪制度都很粗疏，直到汉武帝定下土德，官员们才统一着装，以赭黄色为主色调。到了东汉呢？文武官员的常服，尤其是祭祀服，就变成以赭红为主色调了——没办法，当时的印染技术仍然不过关，大红色的衣服又贵又容易掉色，就连官员们也未必人人穿得起。

　　而五德学说，也从东汉开始演变成了两套算法。一套是骆老教授从黄帝起算的"五行相胜"法，一套是由董仲舒老宗师开头，最终由刘向、刘歆父子俩完善的从伏羲起算的"五行相生"法。有趣的是，新学说并没有彻底打倒旧学说，这两套五德系统并行不悖，都流传到了后世。虽然"五行相生"法后来居上，逐渐演变成主流，历代王朝大多采用这种算法，但万一不管用呢？扯不圆呢？说不通呢？这时候"五行相胜"的旧法就能派上用场了。

木

土

水

火

金

五行相胜

五行相生

土

火

木

水

金

董仲舒

刘向

131

比方说吧，东汉顺帝驾崩的那一年，九江郡一个叫马勉的阴陵人发动叛乱，宣布自己是土德，尚黄色，火生土，所以汉朝要灭在他手里，于是自称"黄帝"——这是按"五行相生"的算法来玩的。

就在同一年，九江郡又出了一个叫华孟的，在历阳起义，有了马勉的前车之鉴，证明五行相生的说法不灵光，于是他改弦易辙，宣布说水能克火，老子我就是"黑帝"——这是按"五行相胜"的算法来玩的。

可惜天不佑德，王师反攻。估计这两位九泉下相见，一定会相拥着抱头痛哭吧，生也不行，克也不行，想搞个德性真是太难了呀！

到了东汉末年，张角兄弟率领黄巾军起义，他们的理论基础是道士于吉所写的《太平经》，又称《太平清领书》，经书里称汉为火德之君，而黄巾军自称拜的是中黄太乙神，承的是土德，打的旗号是"黄天当立"——这一节常看三国的朋友们都熟悉。可惜，这一次土德还是没能"德"起来。

前面说的这几次起义，只是"德性"大爆发的先兆而已。

黄巾之乱以后，紧接着历史迈入了华丽丽的汉末三国时期。

第一个吃德性这只螃蟹的家伙是一个大家不太熟悉的朋友，袁家老二——袁术袁公路。

135

　　常去三国的朋友们都知道，这位袁老二心比天高，却没什么能耐，仗着自己是高干子弟就胡作非为。

　　西汉末年出现过一句著名的谶语，叫作："代汉者，当涂高。"

　　袁老二觉得老袁家是春秋时期陈国大夫辕涛涂的后代，应了这个"涂"字，而辕涛涂是大舜的后裔，舜是土德，那袁家也是土德，根据五行相生，恰好取代汉朝的火德。于是在建安二年（197年），袁术就高高兴兴地在寿春称了帝。

　　这位先生不当皇帝则罢，一当皇帝就遭万人唾骂，没过多久就被克死了，类似遭遇的在他前面有个王莽，在他后面有个袁世凯，可以鼎足而三，竞争"最没事找事、倒霉催的称帝运动"。

　　袁家老二死了，还有个袁家老大，袁绍袁本初。不过他

该我了！

比弟弟多了个心眼，先把称帝这事亮出来给幕僚们商议。也不知道幕僚们都是大汉朝的忠臣呢，还是认为时机未到，众口一词地怒骂提议的人大逆不道，该砍一万次头。袁绍袁老大没敢吱声，回头就把提议的人给砍了，以证明自己没这心思。

雄踞河北的袁绍尚且这般"犹抱琵琶半遮面"，别家诸侯就算起了同样的歹念，也都不大好意思明说出来，大家只敢要里子当"土皇帝"，不敢也要面子当真皇帝。连年战乱，一直到三方鼎立，局势稳定下来，曹丕篡汉，这德性之说才重新浮出水面。

曹丕选的是五行相生派的说法，火德生土德，而不是称自己是克掉火德的水德，理由很简单，因为汉家的天下是"禅让"给曹丕的。

据说在汉桓帝的时候，有人在楚、宋之间见到了黄星，辽东有预言道："五十年后，在梁、沛地区要出一位大英雄。"到了汉灵帝的时候，据说又有人在谯地见到一条黄龙，太史令说这地方将要出帝王啊。黄色代表土德，有这么多黄色的谶纬出现在曹氏的老家，用意不言自明。

又据说在禅让的时候，有多只黄鸟叼着红色的文书聚集到了尚书台，不用问了，这一定是"上天"降下来的征兆，红火生了黄土呀。

于是曹丕登基以后，立刻就宣布改元"黄初"——你瞧，咱连年号都是黄的！

这些真实性无可考证的祥瑞黄来黄去的，作为曹丕篡位用的理论基础，算是足够用了，更何况还有"代汉者，当涂高"作为坚实的理论基础呢。

因为"魏"指的是宫门外两旁的建筑物，称为魏阙，涂字是通假字，通的是途，也就是路，所以"当涂"就是指在道路当中，而在道路当中的高大建筑自然就只有魏阙了。这样看起来的话，袁老二根本就是冒名顶替，偷了曹操的月票坐公车，他焉能不败？

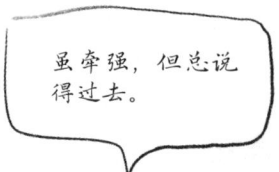

虽牵强，但总说
得过去。

问题来了。

从古籍查考，能和老曹家拉得上关系的老祖宗只有颛顼，但颛顼按照刘歆大国师的系统属于水德，按照驺老教授的系统则压根儿没他什么事，这就和曹魏大力宣传的土德不符合了。怎么办？没辙，曹丕只能狼狈地解释说我们就是颛顼的后人嘛……什么，你说他是水德？对啊，但颛顼和舜的祖先是一样的嘛，所以我们承的还是舜的土德啦……

土德

黄帝
（祖先）

颛顼

舜

刘歆

公为
水德

土德

145

当初光武帝刘秀为了讨个吉利，曾经把"洛阳"的水字边去掉，给改成了"雒阳"。如今汉家亡了，曹魏兴了，就有人上疏说按照五行学说，水衬着土才能流动起来，土得到水才能变得柔软……这水啊，对土德是有好处的。结论就是，咱们还是叫"洛阳"吧！这一通玄之又玄的物理课把曹丕给侃了个晕头转向，不过他这么一琢磨，反正土克水，不吃亏，于是就下令把"雒阳"给改回来了，仍然叫洛阳。——这可太体贴了，雒字比洛字难写多了。

到了魏明帝曹叡上台以后，又开了一个奇怪的头，就是尚色光尚服装了，此后历朝历代，祭天、祭祖用的牲口，往往未必跟服装尚同一色。

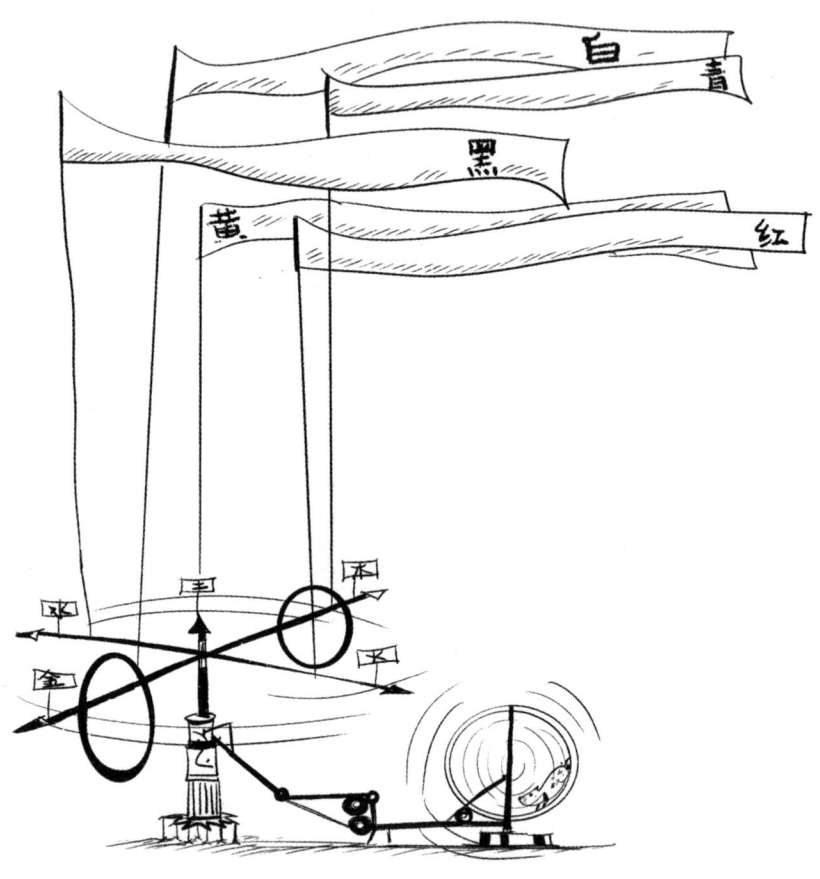

总算轮到我折腾了！

→ 土德黄

← 地统白

149

三国三国，说了曹魏，那还有另外两国呢？

根据《三国志》的记载，刘备小时候住在涿郡，家里很穷，可是屋子东南角上长着一棵大桑树，远远望过去，就跟马车上的遮阳伞似的。所以当时就有个叫李定的人放话说："这家必然要出贵人。"

所谓"贵人"，未必是指皇帝，可是小刘备自己先有了雄心壮志，在跟小孩子们玩游戏的时候，就指着大桑树说："我将来一定会乘坐这种'羽葆盖车'。"所谓"羽葆"，就是皇帝专用的用鸟羽装饰的伞盖。还好只是个小孩子，大人骂两句"别胡说，给咱家惹祸"就算了，这要是成年人说的，再遭人揭发，估计直接就被逮捕法办了。

桑树是木，上天若真以此为预兆，那就是说刘备要建立一个木德的国家呀。可是且慢，蜀汉号称是汉朝的正统，不是新国家，只是旧王朝暂且退到西边去待两年而已。皇帝刘备放话了："咱们迟早还是要杀回中原去的嘛。"因而理所当然，仍然得是火德。

后来有一个叫刘敬叔的人记录过这样一个八卦，说临邛有一口盛产天然气的火井，汉桓帝、汉灵帝的时候逐渐烧得不如从前了，等到诸葛亮到四川去瞧了一眼，嘿，这火就重新旺盛起来了。

这故事的喻义很明确，就是说大汉朝本来到了桓帝、灵帝时离完蛋很近了，幸亏有诸葛丞相在四川撑着局面，才使得汉火重光，又多烧了好几十年。

诸葛孔明

马岱

154

至于东吴，更没什么创意，完全照搬了曹魏的剧本。

公元 222 年，孙权还当着吴王呢，就先不搭理"正统"王朝了，直接改年号，定为"黄武"，带了个"黄"字，同时还宣称在鄱阳发现了一条黄龙。

等到黄武七年（228 年）年底，孙权终于正式称帝。于是乎，立刻就有人声称在夏口又见着了一条黄龙——也不知道那时候是满天飞黄龙呢，还是同一条黄龙全天下到处溜达——因此，这一年就是"黄龙"元年。孙权连年号都懒得想了，就直接这么黄来黄去的，不用问了，东吴当然跟曹魏一样，也是土德啦。

你曹丕受了禅让是"火生土"，我待在江东自己当皇帝，照样是"火生土"，究竟谁"土"得对呢？放马过来，咱先打过再说。

我在这里提到"正统",这个词据说源于儒家经典《春秋》，意思是以宗周为"正"，合天下为一"统"。这个词跟五德循环逐渐也扯上了密切的关系，因为不管是驺家旧学派，还是刘家新学派，都认为只有正统王朝才能论德，不正统的（后世遂有"偏统""窃统"之类的说法）就没有资格。

那么三国鼎立，谁是正统呢？

后来有人说曹魏是正统，也有人说蜀汉是正统，总之，这个帽子从来就没戴到过东吴的头上。

当然啦，那都是后来的历史学家个人的观点，而在当时，孙权认为自己就是正统，孙家班的人也必须认定自己的正统——难道你们两家都正统，就我是偏的，那这大旗还怎么扛啊！

俺老孙就是正统！

　　孙权几次改年号，都有天晓得怎么就冒出来的祥瑞、祥物支撑着。比如公元 231 年，会稽郡汇报说境内出现了"嘉禾"。所谓嘉禾，就是生长得很茁壮或者很"诡异"的禾苗，古人认为是丰收的吉兆，于是次年就改元"嘉禾"。公元 238 年八月，武昌又上奏说发现了麒麟，相关部门建议碰上这种祥瑞就应该改年号。孙权表示："不久前，有大群红色的乌鸦汇集在殿前，是朕亲眼所见，倘若神灵认为该降吉兆，那么朕以为年号应该改为'赤乌'。"群臣立刻附和："当年周武王讨伐商纣，就出现过红色乌鸦的吉兆，君臣们都见着了，于是夺取了天下。陛下您真是圣明啊！"于是当年就改元"赤乌"。

土不该是黄色的吗？赤可是火的颜色，对不上怎么办？

孙权倒不坚持，下诏说既然上天给了预兆，咱不如改德吧。那么改成火德吗？不行，汉朝就是火德，哪有继承汉朝的吴朝继续属火德的道理？好在刘歆早就有预案在那儿摆着——周武王也见过赤乌，按照驺老教授的理论，周就是火德，可是按照刘歆的新理论，周却是木德。孙权一琢磨，木在东方，我大吴也在东方，而且木克土，证明我迟早要灭掉土德的曹魏，嗯，很靠谱，也很解气，就这么定了。

所以曹魏是土德，蜀汉是火德，一直不变，孙吴却一家占了两个德。

而且说是三分天下，但曹魏的疆域要比孙、刘两家加起来都辽阔（包括西域长史府），基本上可以说天下六分，曹魏占三分，孙吴占两分，蜀汉占一分。可要是论起种种并不靠谱的祥瑞、祥物和谶纬来，曹魏和蜀汉加在一起，拍马都追不上孙吴。

论谶纬，放眼三国，唯吾孙仲谋独领风骚。

曹魏接受了汉帝的禅让，蜀汉自称继承了炎汉的事业，都有拿得出手的正统理由，只有孙吴政权多少有点儿名不正言不顺，要不搞点儿花样来凝聚一下人心，恐怕队伍就不好带了。

所以孙家搞迷信，从孙权开始，一直搞到末代君主孙皓。

孙皓也爱跟着祥瑞改年号。他继位的第二年就有传言说蒋陵这地方天降甘露，于是改年号为"甘露"。

甘露二年（266年），武昌挖出了一口宝鼎，于是改元"宝鼎"。公元271年，因为据说有大群凤凰（真的不是野鸡吗）聚集在皇家花园里，于是次年就改元"凤凰"。凤凰三年（274年），吴郡上报，说是挖到了一块方方正正的银子，长一尺，宽三分，上面刻有年月日，于是次年就改元"天册"。

天册二年（276年）七月，吴郡（怎么又是吴郡）上奏，说郡内的临平湖在东汉末年堵住，如今已经挖通了，当地老人曾说："此湖塞，天下乱；此湖开，天下平。"并且在湖边挖到了一个石头盒子，里面有块青白色的小石头，长四寸，宽两寸，上面刻有"皇帝"字样。于是当月就改元"天玺"。

最倒霉的是，孙皓这家伙不仅仅是利用迷信来给自己脸上增光而已，他还真的信了。比如，他在宫里养了一大群巫师，其中有一个就空口白话地预言道："庚子岁，青盖当入洛阳。"孙皓听了是大喜啊，这不正说明我要领兵杀进洛阳城，取得天下了吗？

于是他大起三军北伐，跑半道儿上才发现天气冷了，忘了给士兵准备冬衣，结果大批吴兵冻死、冻伤，还有的干脆倒戈一击，降了晋了。这样子还打什么仗啊？孙皓被迫灰溜溜地返回了建业。

公元280年，西晋派发六路大军，汹涌南下，很快就杀到了建业城下，孙皓没有办法，打开城门投降。随即受降的晋将王濬就把他装上马车，给押送到洛阳去了。

当年正是庚子岁，孙皓的"青盖"果然入了洛阳，只是他的身份不是征服者，而是阶下囚。

总算轮到我去洛阳玩啦!

那就换吧！

合久必分，分久必合，终于到了三分归晋的时候，那么司马家又该是什么德呢？

按照刘歆的新五德理论，魏是土德，接受曹魏禅让的司马晋就应该是金德，尚白色，因为土生金嘛。司马炎也就"从善如流"，从此大家伙儿都穿白衣服——倒是比做黄马甲省工。

关于晋朝的德性，还有一则有趣的故事。且说晋愍帝司马邺在位时，江南地区突然流传开了一首童谣："訇如白坑破，合集持作甒。扬州破换败，吴兴复瓶甒。"这里所说的"坑"指一种陶制容器，它的口是用金属镏起来的，所以属"金"，又是"白"颜色，就是指"金德尚白"的西晋司马氏。童谣的基本意思是说，"訇"的一声，这个"白坑"（西晋司马家）要完蛋啦，大家只好把碎片拼起来做个甒（一种有盖的酒器），在扬州重新使用，在吴兴（属于扬州）这个地方，用来盖着瓶甒（小瓶子）。

果然没几年，匈奴大将刘曜攻陷长安，司马邺投降，西晋灭亡——"白坑破"；随即宗室琅邪王司马睿在扬州建立起了偏安一隅的东晋王朝——"破换败"。

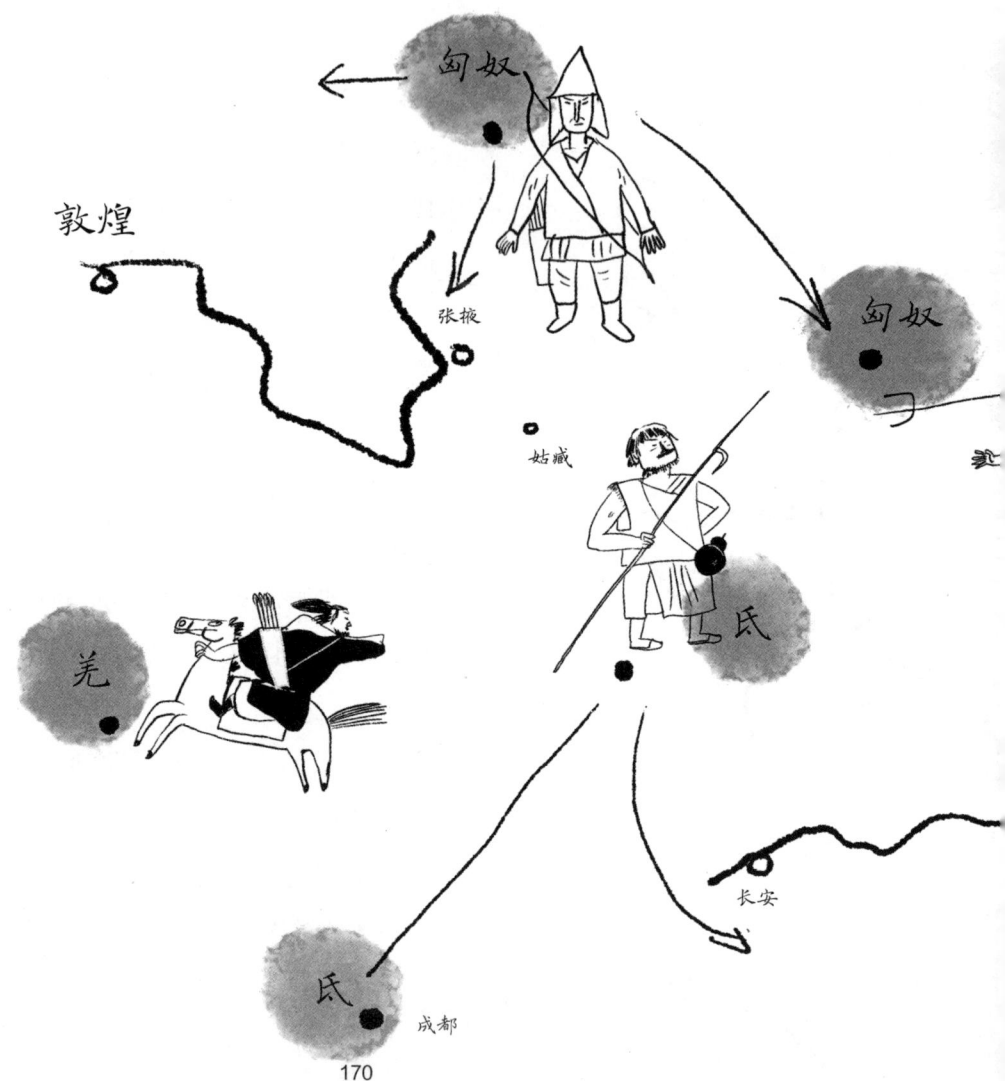

敦煌

匈奴

匈奴

張掖

姑臧

羌

氐

氐

成都

长安

170

鲜卑

羊卑

辽东

龙城

羯

洛阳

建康

西晋亡了，接下来的历史，麻烦可就大了。

北方民族内迁开启了史称东晋十六国和南北朝的大分裂时期。那时候南北对立，诸国蜂起，华夏大乱，大家人手一"德"，互相生又互相克，真是混乱到姥姥家了。

且让咱们先从北边说起吧。

东晋十六国，北边第一位玩德性的，乃是汉皇帝——大单于刘渊。

怎么皇帝还加单于的号呢？原来这位刘渊不是汉人，而是匈奴贵族，他老爹名叫刘豹，是南匈奴的左贤王，刘姓是当初汉朝赐的姓。

173

俺寻思？

　　刘渊觉得，汉、匈两家打高祖刘邦开始就时不时地和亲，有不少汉室公主都嫁到北方来做匈奴单于的阏氏，一代代传到今天，估计大多数匈奴贵族的血管里都掺了汉血了。再加上我是根正苗红的匈奴王族，又姓刘，那肯定得算是汉室宗亲哪。于是他就宣布国号为汉，而他自己，匈奴称号是大单于，中原称号就是汉王。说是咱要复兴大汉天下，就跟外甥要给舅舅报仇一样。

　　刘渊登基称帝，还很有幽默感地追尊蜀汉那位后主刘禅为孝怀皇帝，想要继承蜀汉的火德。

总算轮到我光复汉室啦！

176

封汝为赵公！！

刘曜

但刘渊很快就死了，他的儿子和孙子很快也死了。侄子刘曜就趁机在司空呼延晏等人的拥戴下登基。呼延晏对刘曜道："晋朝是金德，咱们取代了晋朝，按照五德相生的说法，金生水，应该是水德。可汉本来是火德，对应不起来。不如把国号改成赵吧，赵氏出自天水，正应和了水德。"

刘曜定德性为水德，这没什么，可是他忘了，"赵"这个字已经有人用了，而且就是他手底下的人。

刘渊曾经亲手提拔一员大将，名叫石勒。刘曜封他为赵王，给的礼仪待遇，就跟当年曹操辅佐汉献帝的时候一模一样。

古往今来，哪有王朝和属下藩王用同一个名字的道理呢？

果然，没多久两人就闹掰了，石勒撇着嘴发狠话道："什么赵王、赵帝，我自己去拿，哪儿用得着你封！"于是自称大将军、大单于、赵王。

　　就这么着，北方同时出现了两个打着"赵"字旗号的政权，为了加以区分，史称刘曜的赵为"前赵"，石勒的赵为"后赵"。

　　在"二赵"混战的时候，有个县令师欢打到一只黑兔，献给了石勒。石勒身边一个叫程遐的马屁精说这只兔子是黑色的，黑乃水德之象，预示着您将取代晋朝的金德而兴。石勒听了特别高兴，立刻宣布改元"太和"，以纪念此事。

　　后来石勒的后赵灭了刘曜的前赵，后赵的大臣还拿这只黑兔说事："那个刘曜的'赵'来路不正，不该算在五德之内。我们'石赵'才是继承了晋朝正统的水德啊。"

与我何干？拿我的毛色说事。

程遐

石勒

179

公元 352 年，慕容儁称帝，建立燕国，史称前燕。

既然称帝，就得找找自己的德性是什么。别看前燕自家是鲜卑族政权，可还真瞧不起其他少数民族，很多大臣觉得这前赵、后赵都是少数民族，不能算在五德循环之内。前燕直接继承晋朝的正统，晋为金德，那么前燕就该是水德。

听说我也是水德。

　　但也有很多人反对：转了一圈，还是抄袭前赵、后赵那一套，这怎么能服人呢？

　　读书人啰啰唆唆的，而且都很顽固，商量了很长时间也没个准谱。慕容儁本人学问不高，搞不明白，于是就召来了一个明白人韩恒拿主意。韩恒毫不客气地就推翻了水德："我琢磨着吧，咱们大燕是在东方发迹的，按八卦来说就是震卦的方位，而四象是东青龙、西白虎、南朱雀、北玄武，所以震方又是青龙——正巧，咱大燕正位后不久，就有青龙出现在都城。青色乃是木德之色，所以大燕该是木德。"

　　其他人一琢磨，觉得他说的也有道理，而且后赵是水德，五行相生，水生木，燕即木德也不吃亏。从此前燕就确定下来是木德了，尚青色。

　　——大家伙儿终于跳出争抢水德的这个怪圈了。

　可是接下去的前秦，却因为一个穷书生的坚持，让五德这条继承链条断掉了。前秦定过德性吗？究竟是什么德？没人真能搞得清楚。

　这个书生叫王猛，字景略，前秦的快速崛起，功劳有一大半都要归之于他，另一半属于信任他的"大秦天王"符坚。这个大秦是氐族建立的政权，史称前秦，首领自称天王、大单于。

　王猛活着的时候，符坚基本上对他是言听计从，所以说，王猛不喜欢五德之类的迷信，符坚当然也就不会搞——可这并不代表符坚骨子里没有迷信和迷糊的特质。

185

举例来说，新平人王雕有一次给苻坚献了符谶，王猛说这小子妖言惑众，砍了吧，苻坚一向是王猛说啥他就做啥，所以当即下旨，处死王雕。可是王雕在临刑前上了一篇文章，在文章里引经据典，一通神侃，把苻坚给侃晕乎了，但碍于王猛在旁边，苻坚也不好再说什么。

186

结果等王猛一死，苻坚就立刻追授王雕为光禄大夫了。后来苻坚临死前，姚苌（这人我们后面会讲）问他要玉玺，他瞪着眼睛怒骂道："你一个小羌崽子也敢逼我，你算什么东西！根本连一点图纬符命的凭据都没有，还想要玉玺登基？"说明他内心还是信这套的。

前秦统一黄河流域，速度太快了，很多地方势力还来不及消化，再加上苻坚是个想要继承中国正统的文化人，他决定，一个敌人都不杀，要以德服人，要达成百族共荣的新局面。

苻坚的想法是挺高尚的，然而理想很丰满，现实很骨感。公元 383 年，他打算亲自领兵去讨伐东晋，大臣们纷纷劝阻，说东晋有长江天险，易守难攻。苻坚冷笑一声道："我有百万大军，一人扔一条马鞭，就足以把长江给填平了，有啥可怕的?！"这就是成语"投鞭断流"的出处。

　　结果在淝水边上，晋军八万人就把苻坚打得狼狈逃窜，创造了另外一个成语："风声鹤唳"。

成语出处源于你们……

苻坚在淝水惨败以后，各族野心家纷纷崛起，中原大地立时就冒出了无数割据势力。

　　先说前面提过的那个问苻坚要玉玺的姚苌。他是个羌人，是在苻坚登基前不久，因为战败而归降的，苻坚前脚在淝水战败，他后脚就竖起了反旗，自称"万年秦王"。

　　后来他抓住苻坚，讨要玉玺，被苻坚骂了一顿，恼羞成怒，干脆把苻坚给勒死了。

　　姚苌为了掩饰自己的罪行，还特意给苻坚上了个谥号，叫"壮烈天王"——天可怜见的，他倒是不想"壮烈"呢，是你硬要逼他"壮烈"的呀。

190

壮烈天王

姚苌

191

很难理解的是，姚苌还以苻坚的继承人自居。他正式称帝后，国号仍然叫"秦"，史称后秦。他自说自话地说自家是火德，因为木生火，以继承苻氏前秦的木德。

因为苻氏最早的时候是姓蒲，苻坚的爷爷苻洪听到一句谶言"草付应王"，又恰好看到苻坚的背后生着胎记，瞧上去正像"草付"二字，于是改姓为苻。草属木，那么由此推之，前秦该算是木德。

至于前秦究竟认没认过自己是木德，对姚苌来说，这事真的重要吗？

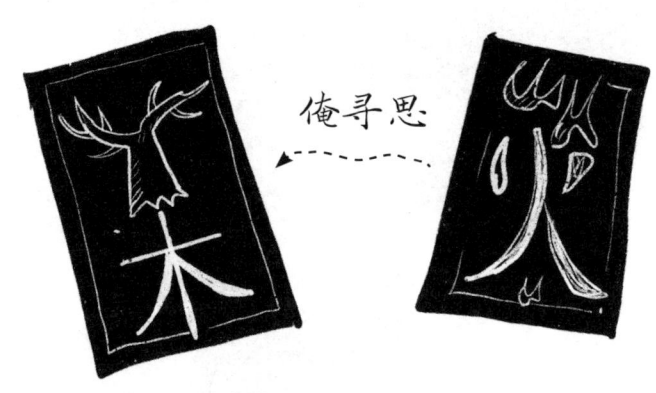

总算轮到我火了！

　　这个混乱时期里有许多小国，都是路人甲、路人乙，打酱油的角色，他们究竟是什么德，就不必提了。

　　不过有一国不能不说，那就是胡夏国。

　　胡夏国的创始人名叫赫连勃勃，是匈奴人，本是后秦的将领。据说赫

连勃勃修建首都统万城的时候，要求城墙坚固，每修一段城墙就派兵拿着长矛去捅，捅得进去就杀建筑工人，捅不进去就杀去捅的士兵，反正总得死一个。在十六国时期的暴君里面，赫连勃勃能稳稳排进前三名。

可这样一个暴君，却有一个继承中原正统的梦想。也不知道是哪个闲人帮他翻书，终于在《史记》里找到了一句话："匈奴，其先祖夏后氏之苗裔也。"按照刘歆的新五德学说，这个后来被称为"胡夏"的政权跟前面的夏朝一样，都定德性为金德。

赫连勃勃还在统万城的南边刻了块碑，说：老子是大禹后裔，殷商以来金德就混得不太好，直到我，这才算是复兴了云云。

除此处均"伪朝"

晋

晋

196

当西晋末代皇帝司马邺被刘曜拿下的时候，正巧皇室里有个叫司马睿的家伙在长江以南的建业待着。大群的中原士人逃到长江以南去避难，人心惶惶，群龙无首，于是就矬子里拔将军，拥戴司马睿登基，延续皇统——史称东晋，司马睿就是晋元帝。

所谓东晋、西晋，其实是后世学历史的人为了考研画重点方便而硬给分开的，当时人家江南可是坚定地认为只有一个晋朝。既然只有一个晋朝，那德性自然就无须改动，于是东晋也是金德——同时期的北边，什么水德、木德、火德、金德掐得正欢实，东晋从来置身局外，冷眼旁观，嗤以之鼻，最多从牙缝里蹦出三个字："哼，伪朝！"

东晋对外战争不多，基本上是防御可能打赢，出击就是作死，跟当年的东吴一样。所以权贵们的主要精力都用在敛财、嗑药或者内斗上了。也有领头想搞北伐的，却都是琢磨着在前线打几个胜仗好提高自己的威望，然后回去篡位。

有这种想法的家伙并不算少，可是最终成功的只有（也只能有）一个，那就是刘裕。

刘裕的身世很有意思，据他自己吹嘘说是西汉楚元王刘交之后——如果是真的的话，他倒是跟刘向、刘歆父子俩还有亲戚关系呢。小时候，刘裕也是靠卖草鞋为生的，后来才投了军，跟当年那位大耳招风的汉室宗亲际遇也颇为相似。

我是在复制您成功的轨迹，顺便支持下小店吧！

祖传刘氏

刘裕

　　公元 420 年，刘裕琢磨着自己的名望差不多高了，实力差不多强了，就逼迫晋恭帝禅让，自己建国称帝。按说他跟汉朝皇室那么有缘分，想篡位就该继续打"复兴汉室"的数百年老旗号才对呀。不过刘裕是个聪明人，他知道那时候距离汉朝灭亡太久了，汉朝的老刘家已经没什么号召力了，更何况有刘渊的前车之鉴在，算了，咱还是别装了，换个国号吧。

　　刘裕篡位前曾经被东晋封为宋公、宋王，顺理成章，新王朝的国号就是宋。

　　既然换了国号，那么德性自然也得换。按照五行相生法，金生水，刘宋就应该是水德，尚黑。

我先干为敬!

刘宋王朝存在了六十年,后来被萧道成推翻,建立齐朝,史称南齐。萧字是草字头,属木,再加上水生木,所以齐朝就应了木德了,服装、旗帜、牺牲(这里指祭祀用的牲口)都要刷成青绿色的。

与此相关的祥瑞预兆还是一如既往地玄之又玄。据说萧道成十七岁那年,曾经梦见过一条青龙追着西边的落日飞翔,有方士解释说那落日就是刘宋啊,而这青龙,自然就代表了他萧道成。

还有一个梦,是说萧道成的儿子萧赜十三岁那年,梦见自己穿着木屐在皇宫里溜达,木屐当然是木头做的,暗示他早晚会登基云云——果然他后来当了南齐的第二任皇帝。

这两种说法真算是比较有创意的,编造说哪儿哪儿又看见黄龙、青龙、凤凰、麒麟之类的,为什么光你见着了而别人没见着呢?萧家这爷儿俩干脆说自己是在梦里见着的,压根儿不需要对证,多省心。

南齐传了二十四年,最终"禅让"给了南梁。

梦里什么都有，嘻嘻！

南梁的开国皇帝梁武帝萧衍是一位"神人"。他老爹是萧道成的同族兄弟，他继承南齐的皇位，也基本上合理合法。不过这位老兄不干，非要用自己王国的封号"梁"来做国号，另立新朝。可是在商议德性的时候，萧衍却又搬出自己齐朝皇族的身份，说大家都是一家人，谈什么五行生克的就见外了，前朝是什么德咱也是什么德吧！

　　于是乎，这五德学说第一次蒙上了"亲情"的色彩，而齐、梁也成为中国历史上第一对真正连续同德的朝代，秦、汉，或者前赵、后赵本来也是同德的，但那是在不承认前者正统地位的前提下撞的车，所以不算。

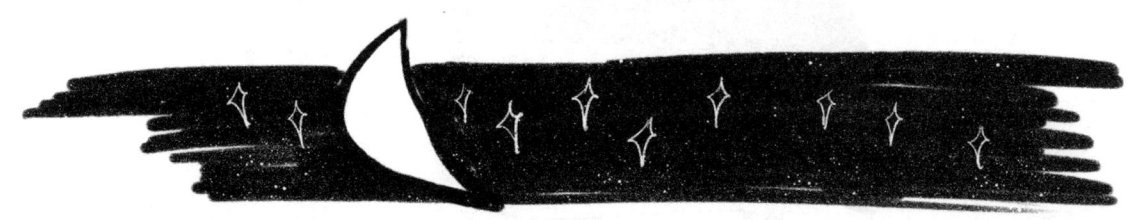

朕悟了！

　　梁武帝萧衍在中国的所有皇帝中，也算是很有特色的一位了。他统治前期，又勤政又节俭，可谁想到年纪一大，这位"神人"突然迷上佛教了，几次三番地偷跑进庙里去剃度，说要出家。而且，这位皇帝没先把皇位传给儿子，把工作交代清楚，就借着出家的名义公然旷工。大臣们也不敢开除他，只好跑到庙里去劝，劝来劝去，皇帝说了："这和尚要还俗，得给寺庙捐财物来赎身哪。"于是大开国库，花了大笔钱财把皇帝给赎出来——"皇帝和尚"天下唯此一人，赎身费当然便宜不了。

　　萧衍偷跑去当和尚，再被用巨额金钱赎身，连续玩了好几回，直接把南梁玩崩了。

萧衍

南朝四百八十寺，多少出自吾之手。

207

　　从北边走投无路跑来投诚的侯景借机掀起大乱，最后把萧
衍给关了起来。因为萧衍骂了侯景几句，侯景心里不忿，就下
令裁减其饮食。据说萧衍因为嘴里苦，讨要蜂蜜都要不来，活
活给饿死了——跟那位袁术袁老二死得一样难看。

　　萧衍饿死以后，南梁又苟延残喘了不到十年，就被大将陈
霸先给篡了位。这位陈霸先是个老实人，梁是木德，木生火，
那么陈朝自然就是火德，整个过程中规中矩，乏善可陈。一方
面是因为没什么可争议的；另一方面，也说明南朝对五德之说
开始玩疲了，不怎么重视了。

209

　　说完南朝，转过头来再说北朝，首先是北魏。

　　北魏是由鲜卑拓跋氏建立的王朝。据说黄帝有个儿子名叫昌意，给封到了北方的大鲜卑山，他就是拓跋氏的先祖。

　　北方民族内迁的时候，拓跋族也南迁至中原，想要分一杯羹，在山西北部建立起代国来，后来被苻坚所灭。等到前秦崩溃，拓跋族的首领拓跋珪就趁机复国，不久后又改国号为"魏"，史称北魏。

　　既是黄帝的后裔，不论是骀老教授的旧五德学说，还是刘向、刘歆父子俩的新五德学说，德性世系里面黄帝都属后土之德。拓跋氏因此"考据"出，北方俗语里的"土"字念"拓"，"后"字念"跋"——瞧吧，这就是咱的起源，有根有据有说法——其想象力真可谓历代王朝之翘楚。

有理有据，踏踏实实！

　　拓跋珪改国号称皇帝的时候，就依照这个说法，上应土德，服色尚黄，祭祀用白牲口，干脆利落。啧啧，看人家北魏多气派，别的朝代都是参考前朝的德性来确定自己的德性，比如汉是火，魏就是土，宋是水，齐就是木，只有北魏皇皇大气，不跟那些小家伙蜗角相争，直接从黄帝开始论辈分，根正苗红……

　　当然啦，这是官方的说法，事实上拓跋氏在建立北魏之前连一个带"德"的势力都没消灭过，所以才无牛可吹，无德可替，只能走祖宗路线——跟赫连勃勃有一拼。所以说，这北魏的"土德"就跟孙猴子一样是从石头里凭空蹦出来的，压根儿没法排进五德生克的循环里面去。

公元 490 年，北魏基本统一了黄河流域，控制了大片汉人的土地，当然不能再忽视汉人的文化。这时当家的皇帝拓跋宏察觉到本朝的"土德"实在是来路不正，跟历朝历代流传下来的顺序都接不上，根本没法蒙人。于是拓跋宏就下诏让群臣讨论一下，看看能不能换个更合适的德性，或者找出个更靠谱一点儿的解释来。

诏书一下，可不得了，立马惊起了全国无数读圣贤书的闲人。要知道，这北魏群臣最喜欢开会，能否解决问题倒还在其次，最重要的是能过嘴瘾。北魏历代皇帝都想迁都洛阳，这些大臣叽叽喳喳聊了半天也没个定论，只好暂且搁置。

咱真的"土"吗?

一场持续了几个月，谁听谁晕的超级大辩论之后，占了上风的意见是由秘书丞李彪和著作郎崔光提出来的，他们直接把传说中的初祖拓跋力微给扛出来说事。那时拓跋族刚刚走出东北密林，迈上了蒙古草原，曹魏、西晋先后崛起，遥控草原，所以拓跋力微向这两朝都称过臣，都帮过忙，也都开过战。既然那时候就跟中原王朝有渊源，两位就认定北魏应当继承西晋的正朔，把中间那些朝代都忽略掉。

他们可真强，上嘴唇一碰下嘴唇，直接忽略掉了近一百八十年，连奥运会都能举办四十六届了。

于是从太和十五年（491 年）起，北魏不再是土德，而改为水德，服色尚黑，总算是勉勉强强掺和进五德循环的次序里了。

217

公元 528 年，历史开启了又一场大逃杀。那时候拓跋氏已经全面汉化，就连姓氏也改成了汉姓"元"，在位的皇帝是元钊。尔朱荣杀了元钊，另立了元子攸为帝。

公元 530 年，元子攸亲手杀了尔朱荣，尔朱荣的侄子尔朱兆又杀了元子攸，另立元晔为帝。随即占据冀州的大军阀高欢发兵杀掉元恭，击败尔朱兆，再立元修为帝。公元 534 年，元修跟高欢有了矛盾，就逃到关中，依附另外一个地方实力派人物宇文泰。高欢没奈何，新立元善见为帝，迁都邺城。一年以后，元修被杀，宇文泰找了另一个皇室成员元宝炬当皇帝。

于是经过这么一番乱七八糟的折腾，北魏同时出现了两个皇帝，按照史书上的习惯说法，就此分裂成高欢执政的东魏和宇文泰把持的西魏。

甭管这魏是东是西，毕竟都是魏，所以两魏名义上全是水德。可惜好景不长，公元 550 年，高欢的儿子高洋废了元善见，建立北齐；七年之后，宇文泰的侄子宇文护也废掉了魏恭帝元廓，拥戴堂弟宇文觉建立北周。于是中原继续分裂，形成周、齐对峙的局面。

还能再复杂
一点吗？

北魏

北齐

北周

219

北齐首先宣称自己承魏水德，应木德，尚青，但奇怪的是他们所得的祥物预兆却是"京师获赤雀，献于南郊"——赤雀赤雀，分明是红色的，该应火德嘛。

可是跟北周相比，北齐已经算正常了。

北周也自称为木德，但这个"木德"应得非常古怪，木德尚青，而北周的服色仍然尚黑，是水德之色；他们又宣布实行古代夏朝的历法，而夏朝分明是金德；更离谱的是，宇文家自己公布的族谱里，最早的祖先是炎帝神农氏，而炎帝该是火德……这就完全乱了套。

本来一朝一色，习为定制，即便曹叡也不过才搞了两个颜色而已，到了宇文家就成了五颜六色的万花筒，除了黄土，四德俱全，倒也算得上是另类的行为艺术了。

虽然诡异，这色彩斑斓的北周却真的成就了一番霸业，在公元 577 年灭掉了北齐，统一北方，想来是上天也被这不按规矩出牌的宇文一族给气糊涂了吧。

事事如意，急急如律令！

公元 581 年，即将完成大一统的隋朝诞生了。

隋朝的第一任皇帝隋文帝杨坚是个很迷信的家伙。他是从随王爬到皇帝宝座上去的，那他所开创的朝代就应该是"随朝"，但定国号时，他觉得"随"字不好，不吉利。

有种说法，"随"有走之旁，他怕随着随着，帝王之气就给随走了；

另一种说法是，"随"的意思是跟随，杨坚想，老子我要开创一个无比辉煌的新王朝，怎么能跟随旧时代的脚步走呢？

于是乎，他翻查古书，发现随、隋二字通假，而这"隋"字瞧上去就显得很喜庆——就它吧，咱们定名为大隋！

所以说，杨坚既然这么迷信，他是不可能抛弃延续了那么多年的五德学说的，五德的历史继续翻开新的一页。

天哪！我四目大概都瞎了！

火火火!

隋朝接替的是北周，北周的德性如前所述，搞得乱七八糟的，杨坚索性快刀斩乱麻，只认准了"木德"说事，别的一概忽略。按照五德相生的理论，木生火，隋朝又该是火德了。

据说早年间就有人献过符谶，"言赤帝降精，感应而生隋也。故隋以火德为赤帝天子"。甚至在杨坚收到禅让书的时候，也有人声称恰好瞧见一只朱雀降临在宫殿屋顶上……

咱们说了，"随"改"隋"就是杨坚一拍脑门儿现想出来的，在此之前，哪儿会有什么"感应而生隋"的说法呀，要有这说法，还用杨坚绞尽脑汁琢磨新国号吗？

有意思的是，这时候偏安江南的陈朝也自称是火德。究竟谁才是真命的火德天子呢？那就得看哪家的火烧得更旺了吧。

公元 588 年，隋军轻轻松松地杀进了建康城，杀入皇宫，却怎么都找不到陈朝的最后一任皇帝陈叔宝。一直找到天黑，才有人在景阳殿前面的井边听到似乎有人说话。往井里问了几声，没人答应，于是

　　隋兵就恐吓道："再不回答老子就扔石头啦。"里面这才传出告饶声。

　　隋兵往井里顺了根绳子，让里面的人抓住绳子，好给拉出来。这一拉可不得了，竟然是陈叔宝和他的两个宠妃——张贵妃、孔贵嫔——三个人躲在一口井里，也不怕挤出个好歹来。陈叔宝就这么被俘虏了，陈朝就此完蛋。

而率领大军俘虏他的就是隋朝的下一任皇帝，大名鼎鼎的隋炀帝杨广。

自从北方民族内迁以来，你方唱罢我登场，几百个皇帝在中国大地上肆虐，这里面有千古罕见的暴君，有千古罕见的昏君，偶尔也有几个好一点儿的君主以及几个奇葩。可把这些家伙全摞起来，智商恐怕都比不上杨广，在暴、昏和奇葩几方面也同样比不上杨广。

杨广启动了一系列大工程，其中包括大运河之类的，那真是泽被万世啊，可那么多大工程同时启动又紧催着完成，其魄力就算秦始皇活过来都得瞠目结舌。结果隋朝统一后短短三十年就亡在了杨广手上，杨广的表哥李渊摘取了统一的果实。

后世都说我荒淫无道，但为了看琼花我挖了运河，些许功劳总有吧！

杨广

229

230

据说（又是据说），在杨广登基后不久，世间就流传起了一则谣谶，说："李氏当为天子。"有个叫安伽陀的方士禀报给杨广，建议把全中国姓李的人杀光，以绝后患。杨广倒是信了他的话，可是做不到啊——朝堂上有无数重臣姓李，要都给杀了，杨广这皇帝宝座还怎么可能坐得稳？

当时谁都想不到，这个"李氏当为天子"的谣谶，竟然应在了李渊头上。

李渊的老娘和杨坚的老婆是姐妹，换言之，他是杨坚的外甥，是杨广的表哥，高门外戚，谁都想不到他会起兵造隋朝的反。可是眼看着杨广胡作非为，天下被搞得乱成一锅粥，李渊琢磨着我要是再不动手，那铁定要陪着杨广死啊。他姓杨，我姓李，我干吗给他陪葬？

李渊杀入长安，拥戴杨广的孙子、代王杨侑当皇帝。

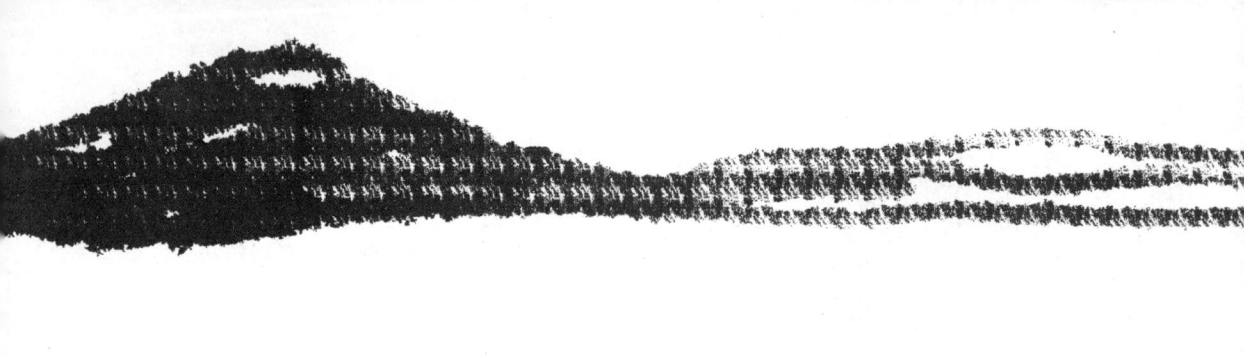

我家住在黄土高坡——

　　杨侑封李渊为唐公，不久后又晋其为唐王，然后顺理成章地，李渊更进一步，受了禅让，做上了大唐天子。新朝既然建立，按照习惯就得推"德"啊，五行相生，火生土，既然隋朝是火德，于是李唐就妥妥地应了土德，服色尚黄。

　　李唐应土德，本来这件事是无可争议的，可谁想到偏偏有人要跳出来唱反调。还是大名鼎鼎的"初唐四杰"之一，文学家王勃。

234

高祖李渊以后是太宗李世民，李世民以后是高宗李治，就在李治当皇帝的时候，王勃写成了一部《千岁历》，说唐朝的土德应该直接接续汉朝的火德，而非隋朝的火德。

因为从曹魏直到隋朝，历代都没能真正统一中国，他们都是没有资格参与五德循环的，只不过是些五行的"沴气"而已。"沴"这个字读"厉"，指的是灾害、不祥和。所谓沴气，也就是类似汽车尾气的废气、灾气、毒气——文人骂人从来最阴损不过了。

因为这种算法实在太荒唐，连朝廷都觉得不像话，所以根本不予理睬。

李治驾崩以后，他的媳妇垂帘听政，就是我们说的武则天，后来她干脆把几个儿子都一脚踢开，自己当了皇帝，把国号改成了"周"，追认周文王为武氏的始祖——据说开创东周的周平王有个小儿子，因为手掌上有像"武"字的纹路，就起名为武，后来又赐为武氏，做了周朝大夫，也不知道怎么一路传下来，就传到武则天了。

　　按照骀老教授的"五德终始说"，一千年前的周朝是火德，这一千年后的周朝嘛，当然也要跟着祖宗走，同样应火德，服色尚赤。

　　但无论是"五行相胜"还是"五行相生"，都解释不了为啥唐朝是土德，跟着兴起的武周会是火德。不过哪怕再诡异，当时都没人敢纠正。要知道，"请君入瓮"这个成语，就是这个时候由来俊臣创造的呀！你要是对火德表示疑问而惹得武则天不高兴了，被请进大瓮里洗桑拿，那可怎么办？

有关王勃的《千岁历》，到此还不算完。

唐朝最鼎盛的时期是唐玄宗开元、天宝年间，当时升官最便捷的方式就是上疏朝廷言事，以求骗得皇帝青睐。说的话越是诡异，观点越是新奇，就越容易引起注意。这其中就有个叫崔昌的，干脆拿王勃的旧文改了个名字，直接就给递了上去。

唐玄宗觉得这说法真新鲜、有意思，就去跟宰相李林甫商量。

而至于这位李林甫先生，成语"口蜜腹剑"就是说他的，最会拍皇帝马屁，同时在背后给同僚下刀子。

皇帝赞成的，只要不违背他的利益，他何必去反对呢？于是连连点头称是。唐玄宗大感欣慰，下诏准奏。

所谓"安史之乱"，是指唐朝镇守北方边境的胡族雇佣军集体造反，造反的第一头目是安禄山，后来被他的儿子安庆绪给宰了，接着安庆绪又被大将史思明宰了，史思明被他的儿子史朝义宰了。安、史两姓，父子四人，掀起了泼天的大乱子。

　　安史之乱是唐朝由盛变衰的转折点，从公元 755 年开始，到公元 763 年终结，前后持续了八年。不但唐玄宗没能看到动乱落幕，就连他儿子唐肃宗也没能看到——宝应元年（ 762 年），这父子俩前后脚挂了，距离叛乱结束还有半年的时间。

　　咱们来总结一下此时所谓正统的德性体系吧：周朝是木德，汉朝是火德，木生火，这是五行相生；然后北魏是水德，水克火，这是五行相克；接着北周是木德，隋朝是火德，唐朝是土德，都是五行相生。总而言之，相克、相生的新旧两套学说，原本都可自成体系，可是经过了人为的反复降格、升格和割裂以后，就混合出来了这么一个四不像的东西。

朱温

244

唐朝总共传承了二百九十年，最终这个土德王朝还是挂掉了。中唐开始就藩镇割据自雄，到了晚唐，藩镇们更是闹得不像话，不但私相授受职务，不听朝廷调遣，而且三天两头地私斗甚至造反。公元907年四月，朱温终于下手推翻了唐朝，建立后梁——历史就此迈进了空前混乱的五代十国时期，而后梁就是五代中的第一个王朝。

　　所谓五代，指的是梁、唐、晋、汉、周这五个基本控制中原腹地，并且相互延续的王朝。所谓十国，就是中国大地上先后存在着的十个割据小国，除了一个北汉是后汉皇族在契丹人支援下苟延残喘，可以暂且不论之外，其余九国基本上都在南边。

关于德性的问题，咱们还是按老规矩，先从北边说起。后梁的德性是什么呢？

按五德循环那一套，既然唐朝是土德，土生金，那么后梁就该应金德。于是朱温，这时候他已经改名为朱晃，自命为金德王，就连内殿的名字都定下叫作"金祥殿"，当真是金光闪闪，瑞气千条。

到了公元923年，后梁终于被李存勖给灭掉了。他本是沙陀人，这个昙花一现的少数民族，本来从属于突厥，突厥为唐所灭，沙陀就顺势降了唐，首领朱邪氏被赐了李姓。当时李存勖打着两面旗号，一面是"唐"，虽然唐朝亡了，但他仍然自认是唐朝的臣子；一面是"晋"，因为他爹李克用曾被唐朝册封为晋王。然而等到李存勖势力膨胀，北边打退了契丹，南边把后梁军打得跟狗一样的时候，他就干脆废了"晋"字旗号，登基自称大唐天子了，史称后唐，李存勖就是大名鼎鼎的后唐庄宗。

既然是复兴唐室，他自然不能继承后梁的金德，自称水德，必须"堂堂正正"地宣称自己跟从前的唐朝一样，也是土德。

天子，兵强马壮者为之。

247

后梁的金德就这么着给埋掉了，生生从五德循环里给踢了出去——没办法，胜者王侯败者寇，一个贼寇也敢有德性吗？

李存勖很会打仗，但可惜不会治国。刚把后梁灭了，他就趾高气扬地觉得统一是顺理成章的事情，从此不理国事，痴迷上了表演艺术，成为古往今来地位最高的戏剧票友。他还给自己取了一个艺名，叫作"李天下"。某次他一登台就连报三声"李天下"，结果一个戏子冲上来给了他个大嘴巴，喝道："理天下的只能有一人，怎能有三个？"李存勖不但不光火，竟然还夸奖那戏子忠心可嘉。

李存勖就这么唱着戏，把命都给唱没了——同光四年（926 年），都城洛阳爆发兵变，乱军一箭就要了这位"李天下"的老命。但是李克用的养子李嗣源让这个土德王朝又延续了整整十年，最后亡于后晋。

张苍

我要把精力放在艺术上。

李存勖

王勃

霍光

后晋的开国皇帝名叫石敬瑭，和朱晃一样，他本来是后唐的大将，后来跟后唐末帝李从珂闹矛盾，悍然竖起了反旗。

可石敬瑭打不过李从珂，干脆开门揖盗，去恳请契丹兵杀进中原来帮忙，不仅如此，他还公然向契丹称臣，认还没自己岁数大的契丹国主耶律德光当爹。

后人有骂石敬瑭是"汉奸"的，这话不大对，因为老石本来就不是汉人，他跟后唐皇室一样，都是沙陀人。

后晋继后唐而兴，土生金，于是五代中的第二个金德王朝就这么诞生了。这个金德王朝同样短命，石敬瑭死了以后，他的养子石重贵继位，还

算有点儿骨气，打算断绝跟契丹哪怕只是名义上的附庸关系。只可惜石重贵和他那一票重臣光骨头硬了，完全没有本事，结果被耶律德光领兵杀入中原，直接就给灭了国。

后晋朝廷是完蛋了，皇帝、大臣不是被杀就是被擒，可是老百姓还在，一时间义兵四起，打得契丹兵是顾头不顾腚，彻底陷入人民战争的汪洋大海之中。耶律德光没办法，只好扔下一句："没想到中国人那么难搞。"撤兵回国，走半道上就活活给气死了。

朱晃

石敬瑭

你们真如雨后春笋般，在下服了。

后晋的节度使刘知远趁机雄起，建立政权，史称后汉。为什么又用上"汉"这个国号了呢？原来那刘知远也是沙陀人，刘这个姓天晓得是从哪儿来的，他既然找不到赐姓的来由，干脆一梗脖子直接编瞎话，说自己是东汉显宗孝明帝第八子淮阳王刘阳之后，所以如今再来复兴汉朝。

当然啦，这套鬼话压根儿蒙不了人，况且隔着将近千年，也没人再怀念汉朝了，所以他也就不再承袭汉朝的火德，而是继续按照五行相生的原理，取代了晋德——金德生水，后汉就是水德。

我真的很水。

我说完了。谁赞成？谁反对？

不过这家伙"德"什么已经不重要了，因为后汉天下只有短短的三年，就被大将郭威夺了皇位，改国号为"周"。

郭威在后汉朝，最高的名号是监国，根本就没有周公或者周王的爵号，那他为什么要以"周"作为帝国名号呢？据说，这也是跟他的先祖以及五德循环相关联的。

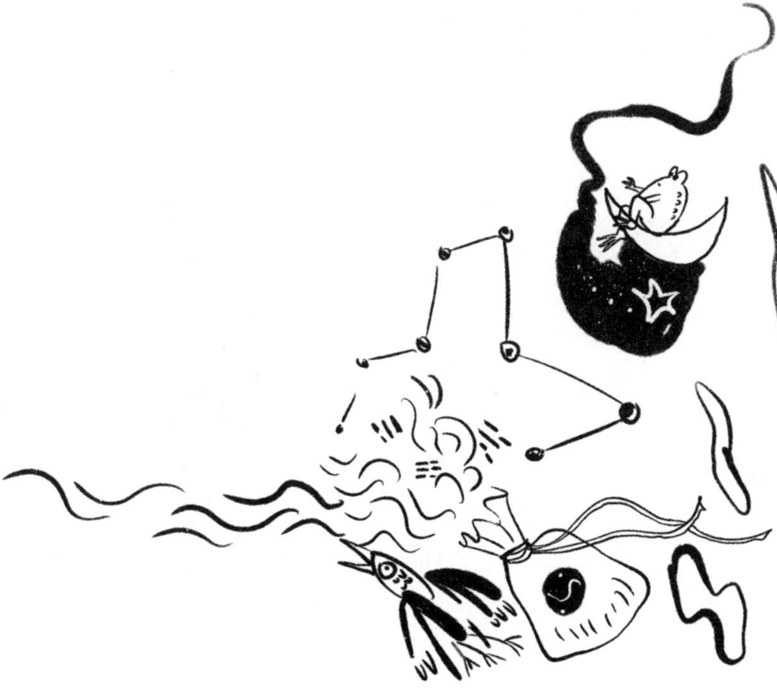

郭威的先祖（不用说，也是自称的，不过郭威理论上还算是汉人）乃是周朝的虢叔，古代郭、虢二字相通，所以虢叔的后人就自称姓郭，按照这种谱系，郭家的先祖是周王室。巧合的是，按照刘歆的新五德系统，周

朝不是火德而是木德，而南北朝时期宇文氏建立的北周也是木德，郭威篡的是后汉的水德，水生木，恰好也是木德。三周皆木，这真是天意，因此这个"周"的国号真是再合适不过了。

后周是五代第五个，也是最后一个王朝，北边就此告一段落，咱们再来说说南边。

有个国家一定要提上一提，那就是前蜀。这个前蜀是王建创立的，虽然没有什么"德性"的记录，可是论起祥瑞来，却是十国中最多的。《新五代史》里的一篇《前蜀世家》，几乎三分之一的篇幅都是在记述哪年哪月在什么地方碰到了什么祥瑞。

　　比方说，就在唐朝灭亡的那一年（907年）正月，据说青城山上出现了巨人，然后到了六月间，万岁县又出现了凤凰，嘉阳江里出现了黄龙。更可怕的是，"诸州皆言甘露、白鹿、白雀、龟、龙之瑞"，这一个"皆"字，不禁让人满身起鸡皮疙瘩……

祥瑞排排队，
国运自会来。

举一个例子，前蜀武成三年（910年）八月，有人称在洵阳看到了龙，而且不是一条，是整整五十条！连修史的欧阳修本人写到这里，都忍不住说了一句："这也太离谱了吧！"

啊对对对！

中原人太难搞了！

五代十国的终点是宋朝。不过在说宋朝之前，还有一个大国得先介绍一下，那就是辽。

辽的正经国号，其实应该以族为名，叫作"契丹"。契丹的开国君主是耶律阿保机，和后唐太祖李克用、后梁太祖朱晃是同一时期的人物。虽然是契丹人，但他一直热衷于汉学，手底下重用的都是韩延徽、韩知古、康默记等一大票汉人谋士。耶律阿保机死后，他的第二个儿子耶律德光继位，石敬瑭恬不知耻地来请救兵，主动献上燕云十六州，也就是今天的北京市、天津市以及河北、山西北部这些传统上的汉人居住区。契丹人占了这些地方，不大会管理，但是耶律德光思路发散，干脆搞了个全新的政权模式，把官员们分成两部分，一部分管契丹、奚、蒙古、女真等游牧渔猎民族，一部分管汉地、汉人。

这种两部制，表明契丹国是蕃人和汉人的共同国家，上朝的时候，皇帝、皇后同时临朝，而且皇帝穿汉服，皇后穿蕃服。所以契丹国主在朝堂上正经的打扮应该是直角幞头配圆领大衫。

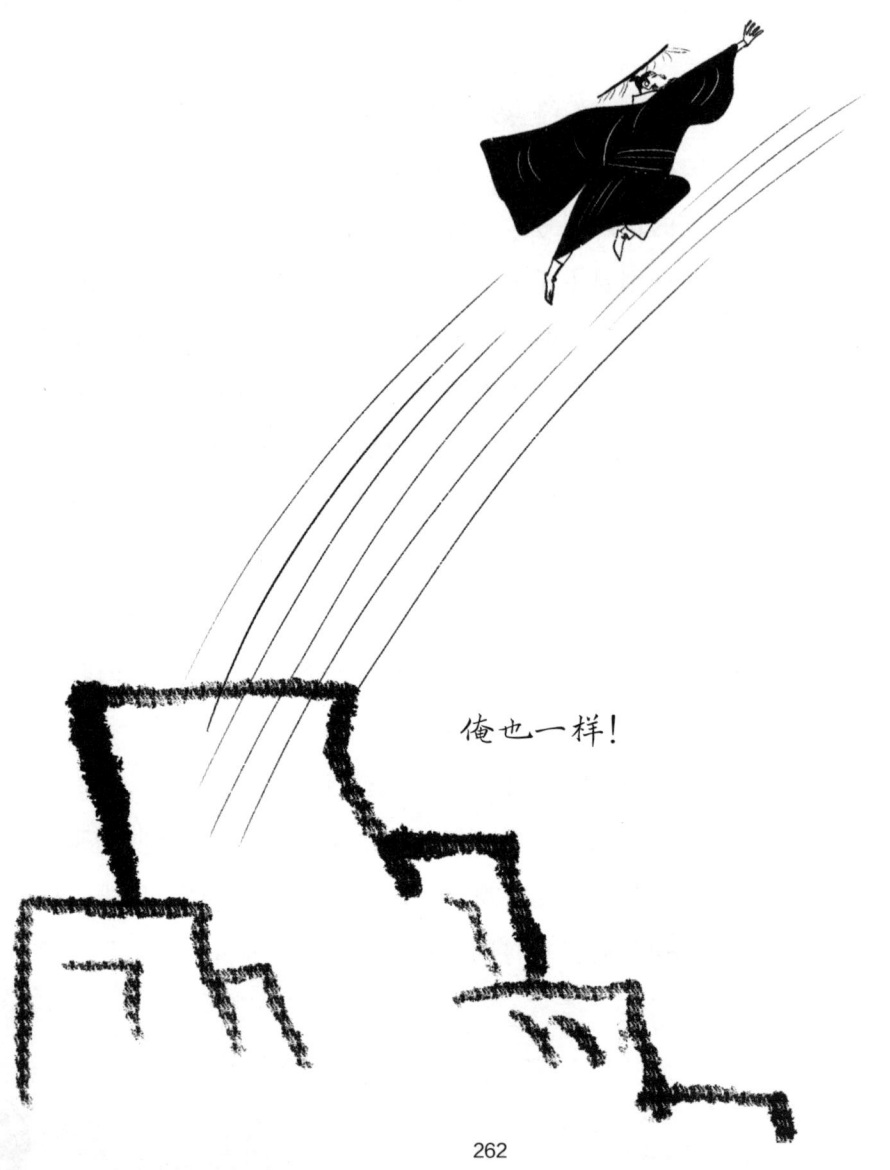

俺也一样！

为了证明自己才是中国正统，他们就给自己定了个"辽"的汉式国号——不能还叫契丹，听着就是个少数民族，不是正统范儿。

　　既然连中国式的国号都敲定了，那么中国王朝名义上传承了好几千年（实际就一千来年）的五德学说，他们当然不敢不理。可最大的问题是，契丹辽和中原王朝向来没太大瓜葛，这个"德"不好联系啊。

　　耶律德光倒是够明智，没去认一个八竿子打不着的中原王朝当祖宗，而是老老实实地在祖先的神话传说里找因由。根据契丹族的起源神话，最初有一个男子骑着白马，在辽水边碰到一位驾着青牛车而来的女子，二人结为夫妇，生下了八个男孩，也就是契丹八部的始祖。契丹族在辽水边诞生，所以这个德性嘛，当然就该是水德啦。

　　契丹辽的水德跟北魏的土德很类似，不是因五德循环，相生或相克而出的，而是横空出世，从石头里冒出来的。

后周显德七年（960 年）正月，镇州和定州急报，说契丹和北汉联兵南下，侵扰疆土，于是朝廷就派殿前都点检赵匡胤率军前去抵御。可是意想不到的事情发生了，禁军刚离开京城，才走到陈桥驿，突然就闹起了哗变，随即哗变军官把一件黄袍披在赵匡胤身上，拥戴他做皇帝。赵匡胤立刻回师，推翻后周，建立了一个全新的王朝。

咱们前面说过，明黄色的龙袍得到清朝才成为定制，在此之前，黄色还不是皇帝专用的颜色，这次事变里出现了"黄袍"这一道具，纯属偶然。比方说，一百六十多年以后，契丹覆灭前夕，大臣们拥戴耶律淳当天子，给他披的就是赭红袍。不过，"黄袍加身"这个成语就这么流传下来，代表着某人主动或被动地当了皇帝。

赵匡胤的篡位，也与一则谣谶相关。

据说当后周那位雄才大略的世宗柴荣还活着的时候，也不知道从哪儿出现的流言，说："点检作天子。"所谓"点检"，全称是"殿前都点检"，也就是禁卫军总司令，而当时担任这一要职的，乃是卫国公张永德，是太祖郭威的女婿。柴荣本是郭威老婆的侄子，被郭威收为养子，郭威无后，柴荣就继了位。但论起继承权来，他跟张永德是半斤八两，都不算最正统。

所以柴荣听到这则谣谶，心里就犯起了嘀咕，本着宁可错杀不可放过的原则，干脆免除了张永德的职务，而让自己的亲信大将赵匡胤接任殿前都点检一职。

还是赵匡胤聪明，当皇帝没几年，就找个借口把殿前都点检这个职务给撤销了。

赵匡胤篡了后周，建立宋朝，后周前面说了，属木德，于是五行相生，木生火，宋朝又该循环到火德了，服色尚赤。这是宋初就稳稳确定下来的，完全没有争议。

说些题外话——

赵匡胤跟郭威一样，登基前没有爵号、国号，所以他定新王朝的名字为"宋"，纯粹是因为首都在开封，春秋战国时期属于宋地。汉朝以后，除了少数外族政权，大多数王朝包括割据势力，都是用某地相对应的周代诸侯名做国号的。周朝号称八百诸侯，其实留下名字的不过一百挂零，其中还有很多实在太弱小让人瞧着就来气的，所以真正能用的名号并不多。由此一来，重名的王朝、王国就多了去了，使得历史学家们必须在前面加个字才能搞清楚谁是谁——比如北周、武周、后周，比如东晋、西晋和后晋。按道理说，宋朝前面还有南朝刘裕所建的宋国，它也应该叫"后宋"，可是这个朝代太繁荣，太漫长了，所以摇身一变成了正根儿，前面不用加字，就叫作"宋"。

至于南宋、北宋，则跟东汉、西汉，东晋、西晋一样，只是代表一个王朝的两个阶段而已。

太平兴国九年（984年）四月，当时坐在开封皇位上的，乃是宋太祖赵匡胤的兄弟太宗赵光义。

突然有个名叫赵垂庆的平民学王勃上疏，说本朝如此辉煌，就应该跳过那乌七八糟的什么五代，直接上承唐朝，定德性为金德。

　　大中祥符三年（1010年）九月，宋真宗赵恒在位的时候，开封府有位功曹参军名叫张君房，再次跳出来闹事，上疏劝说朝廷把德性改成金德。

　　但这两次变火为金的"逆流"都惨遭失败。

271

到天禧四年（1020年）五月，光禄寺丞谢绛上疏说道："当年汉朝跳过暴秦直接继承了周的火德，为火德；我皇宋也应该如法炮制，跳过五代继承唐的土德，所以不该是火德，而该是土德。"

这一回比前两次更不像话，一瞧就知道谢绛这人历史没学好。我们知道，在驺老教授的"五行相胜"系统下，周朝才是火德，汉朝则是土德；而在刘向、刘歆父子俩的"五行相生"系统下，周为木德，汉则为火德。这谢绛根本是把两套系统给弄混了。

与此同时，大理寺丞董行父也上疏，坚持认为宋朝该是金德。

宋代官方推定的德性是火德，下面有些非主流之人叽叽喳喳的，根本动摇不了大局。

但有些人已经对这个延续了一千多年的奇怪学说感到腻味。

第一个跳出来发难的是大儒胡瑗，此人字翼之，是理学先驱，是"宋初三先生"之一（还有两个是孙复和石介）。

胡瑗写了一部《洪范口义》，其主旨就是重新阐述汉

儒所说的"天人感应"。他认为上天是利用人的努力来达成其意志的，跟祥瑞啊，符谶啊，还有五行什么的没有任何关系，那些都是歪理邪说，汉儒相信谶纬的行为非常可笑，根本违背了至圣先师孔老夫子的本意。

接着出手的是郑獬，乃是宋仁宗皇祐五年（1053年）的状元公，写得一手好诗词。郑獬写了一篇《五胜论》，继续批判阴阳五行。但他们二位都只是这场"倒五"风潮的先锋官而已，真正的大将，是位列"唐宋八大家"之一的大文豪、大史学家——六一居士欧阳修。

胡瑗

郑獬

欧阳修

古代王朝最讲究"正统"，也就是说，凡是胆敢称皇帝的家伙，都必须严正声明老爷我才是华夏历代传承的正根儿，同时代的别家都是篡逆，是僭伪，是上不了台面的山野蟊贼。所以研究历史，不可能回避这个"正统"的问题。

　　欧阳修写了一篇《正统论》，提出了"绝统"的概念，说正统是会断绝的，就此一棍子把五德理论搂头打翻。他说："什么五行轮替，一家衰亡一家兴盛，那都是江湖方士拿来骗钱的说法，什么'王朝兴衰都由五德操控'，纯粹是胡扯！"进而他旗帜鲜明地认为各种天灾异变都是自然现象，跟人事完全无关，谶纬、祥瑞都是瞎联系，矛头直指董仲舒和刘向、刘歆等儒学大宗师，说他们是"胡言乱语，妄测天意"。

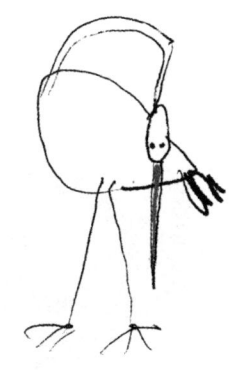

欧阳修这话一出来，舆论立刻哗然。首先有章望之写《明统》来跟欧阳修商榷，后来苏轼（我们熟悉的美食家苏东坡）也写了篇《正统论》，探讨哪个朝代算正统，哪个朝代算"霸统""偏统""窃统"，等等。

　　一系列诡异的名词出炉，一直争论到清初的王夫之。可是他们大多是在讨论历史问题，没跟着欧阳修继续对五德学说下刀子。

相反，还有些人借着论正统，继续哄抬五德。比方说跟欧阳修同为散文大家、推动古文运动的尹洙，他就说："天地有恒定的方位，历法有恒定的参数，社稷有恒定的君主，人民有恒定的信奉，所以所谓君主，必须配合天地方位和历法参数。"这还是在说人事跟虚而又虚的所谓天意、运道、历法有关联。

279

真正的大地震是从王安石开始的。

王安石辅佐宋神宗搞变法，在当时遭到了保守派的疯狂攻击，而保守派所利用的一大武器就是与五德联系紧密的天灾异象。一旦碰上点儿什么风吹草动，保守派就会跳出来说："你瞧，老王又惹老天爷不高兴啦！"仿佛在他们执政的时候就风平浪静，不发大水，不闹旱灾，连流星都全藏了起来不敢见人。

对于保守派的这些论调，变法派当然要加以驳斥。王安石本人就曾经说过："天变不足畏，祖宗不足法，人言不足恤。"意思是不管天象有什么变异，祖宗有什么成法，士大夫有什么反对意见，我全当他是放屁，我行我素，撞了南墙也不回头。这话实在太狂了，不过由此也可反推出来，当时反对变法的人主要是用所谓"天变"、祖宗成法以及百姓的抗拒心理来拖王安石后腿的。

南宋的理学大宗师朱熹对于正统的观念跟欧阳修很相似，但是他并不反五德。他的学生沈僩曾经直截了当地问他："五德相生相胜的两种说法，历朝历代建国的时候都不废除，真的有道理吗？"

朱熹回答说："应该是有道理的，只是从前那些推算五德的家伙都没有算对。"可到底怎么样才能算对呢？朱熹却没明说。

他还有一个弟子，名叫金去伪，也问过类似的问题："五德循环，不知道是相生对呢，还是相克对呢？"朱熹明确地指点他："相生对。"

俺寻思之力

朱熹本人是很唯心的，所以不可能破五行，也不可能破五德。他唯心到了什么程度呢？比如关于天上的星辰是左旋还是右旋的问题，历代搞天文的专家都在反复观测、计算和争论，但到了朱熹这儿，简单一句"某看天上"，不给任何证据，"俺寻思，我觉得"，就把右旋说一棍子打倒了。

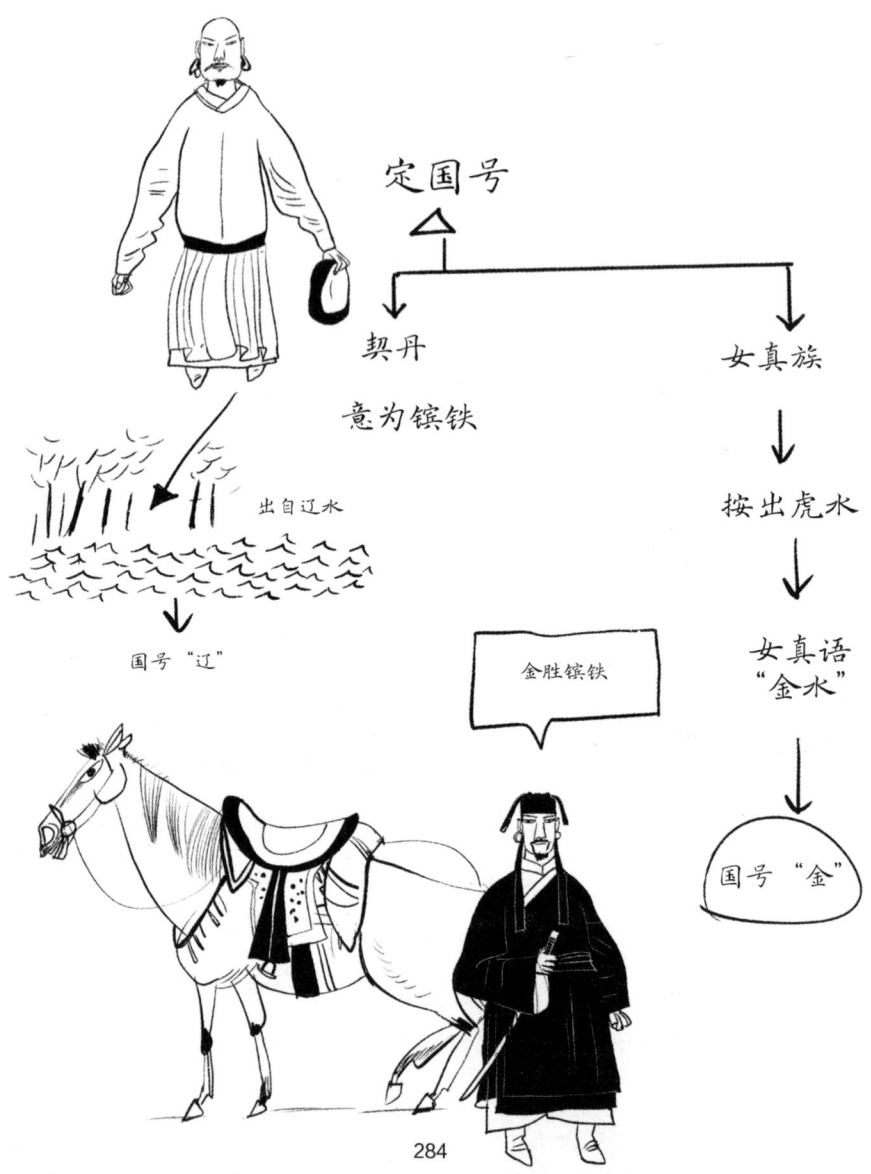

定国号

契丹
意为镔铁

出自辽水

国号"辽"

女真族

按出虎水

女真语
"金水"

金胜镔铁

国号"金"

一个人只要相信阴阳五行，那就不可能不信五德，不先破了阴阳五行，五德学说仍然是有根之草（虽然这根儿本身就有问题），不可能忽然之间就灰飞烟灭的。

　　女真人生活在白山黑水之间，他们跟契丹人不同，不是游牧民族，而是渔猎民族，曾经臣服于契丹辽，后来一看契丹政权日益腐朽，首领完颜阿骨打干脆扯旗造反了。

　　女真族建立的金朝，几乎是一转眼就基本拿下了黄河流域。大定三年（1163年）年底，金朝的第五代皇帝金世宗正式下诏，定德性为金德。两年以后，他又跑去长白山封山祭祖，册文里明确说了："厥惟长白，载我金德。"

　　千万不要误会，金朝取名为"金"可不是因为他们知道自己是金德。前面说了，契丹族出于辽水，所以汉式国号叫"辽"，女真族也一样，因为老家"按出虎水"在女真语里就是"金水"的意思，所以就定国号为"金"。另外还有一种并不很靠谱的说法，是说完颜阿骨打认为契丹的意思就是镔铁，可是镔铁虽然硬，总会生锈，不如金子来得万年不朽，所以就定国名为"金"了。

　　后来完颜雍一琢磨，我国就叫金，又喜欢穿白衣服，那甭问啊，这是老天爷预示该是金德啊，行，就这么定了吧，多简单，多省事。

　　金朝这个金德是望文生义，凭空捏造出来的，没法塞进五德循环里去。你想啊，要是从契丹辽算，辽是水德，水生木，土克水；要是从北宋算，宋是火德，火生土，水克火，都没金什么事。

　　所以到了金章宗完颜璟的时期，金朝群臣就针对本朝德性爆发了一场大辩论，而且比前朝哪一回都热闹——真奇怪，关于德性问题，似乎每次讨论得最热闹的都是少数民族政权，比如上回在北魏也吵得极其激烈。

在这场大辩论中，主要派系分为三个：一派主张继承宋朝的火德，火生土，咱得是土德；一派主张继承契丹辽的水德，水生木，咱得是木德，理由很简单，辽、金都是打北边过来的，算一家子嘛；还有一派最奔放，痛痛快快地建议说连北宋带五代咱全不要，咱大金直接继承唐朝的土德，为金德吧。其实这第三派既可以说是奔放，也可以说是保守，那意思是咱别改德了，只要找得出瞧着还比较合适的理由就行。

对于这三种意见，金章宗表面上都予以考虑，其实早就意有所属了。他支持第一种意见，让金朝继承宋德，改德为土。根据专家分析，这位金章宗已经汉化得相当深了，所以觉得只有北宋才算系出正统，是真真正正的中国王朝，必须从那儿继承德性才行。

于是到了泰和二年（1202 年），金章宗终于下诏， 正式宣布把德性改为土德。咱以后不再穿白褂子了，改穿黄马甲。

金章宗是泰和二年定下的土德，可是仅仅四年以后，金国境内就冒出了他的掘墓人——

公元 1206 年，蒙古族的铁木真在斡难河畔大会草原各部，自称"成吉思汗"。从此蒙古铁蹄踏破欧亚大陆，建立起了一个庞大的帝国，无论是刚改了土德的金朝，还是仍然延续火德的南宋，最后都被蒙古灭了。

公元 1271 年，那时候南宋还在苟延残喘，铁木真的孙子忽必烈正做着蒙古大汗。不过他这个大汗是虚的，老家草原部族，还有西边先后建立起来的四个汗国都不怎么听话，他真正能够控制住的疆域还是中原汉地。既然如此，忽必烈就琢磨着，咱不如改个汉式国号，摇身一变当中原的王朝得了，老子也干脆做一回中原皇帝。

起个什么汉式国号才好呢？忽必烈就向他的大参谋刘秉忠问计。当时人称刘秉忠为"聪书记"，大都城就是他帮忽必烈建造的。

刘秉忠领了忽必烈的课题，回去狂翻古书，最后从《周易》里找到一句"大哉乾元"，意思是天道真是太浩渺无垠啦，他觉得这个句子很棒，意思超级吉祥，于是建议就取这个"元"字，定国号为"元"——元朝就这么建立起来了。

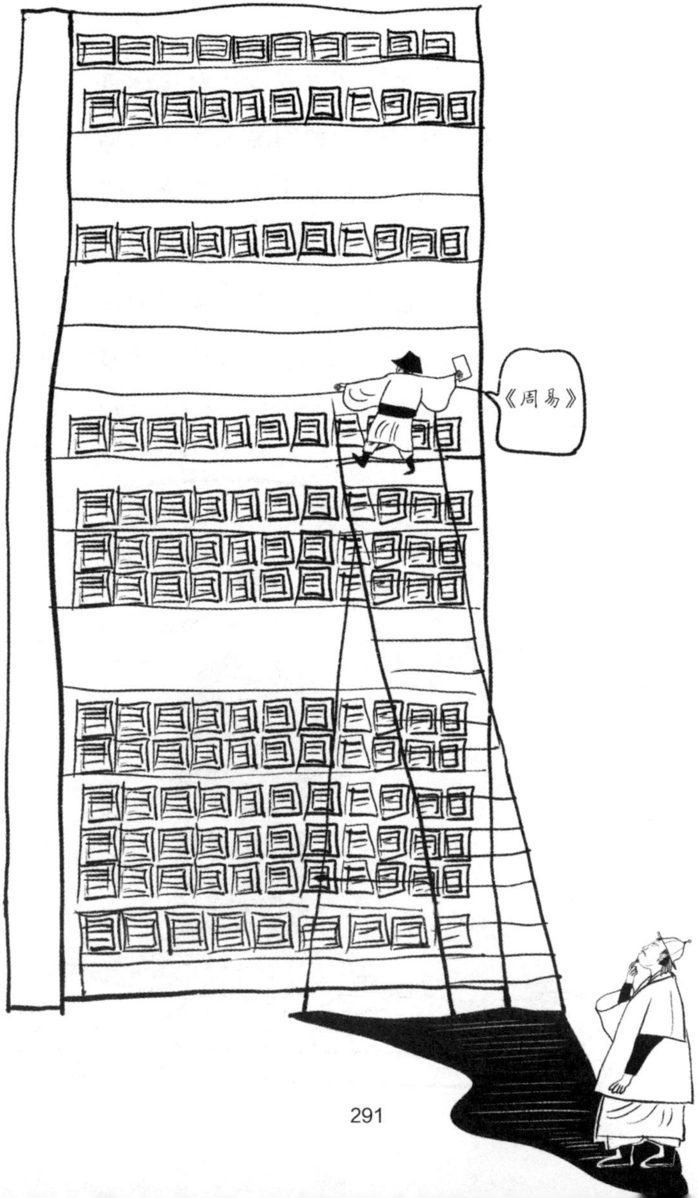

291

其实除了"大哉乾元"，"元"这个国号还有更深远的意义，也跟五德学说相关。要知道，金朝是被元朝的前身蒙古帝国攻灭的，金朝是土德，五行相生，土生金，所以元朝该是金德。八卦配五行，乾、兑属金，震、巽属木，坤、艮属土，离属火，坎属水，所以这个尚金的新王朝才会使用"大哉乾元" 当吉祥话。元世祖忽必烈改国号的时候，诏书里有一句"握乾符而起朔土"，说的就是这个意思。

蒙古帝国定国号为元的时候，南宋正处于咸淳七年（1271年），还在苦苦支撑，所以两朝从五德上来论，还是谁也生不着谁，谁也克不着谁。然而八年以后，元将张弘范灭宋于厓山，问题立刻就凸显出来了——宋是火德，火克金，和现实正好掉了个个儿。后来元朝大力禁止图谶之说，也不知道是不是怕被人瞧出这个破绽来。

　　这事要搁到别的朝代，早该开会研究改德了，然而蒙古人都是倔脾气，死活就是不改。——俺就定金德怎么了？金被火克又怎么了？火德的宋朝还不是被俺给灭掉了？公元1294年，忽必烈驾崩，传位给孙子铁穆耳，也就是元成宗。元成宗才刚继位，就有个叫洪幼学的南方人跳出来起哄，结果遭到暴打。这位洪幼学究竟说了些什么，史书上没记，光说他"妄言五运"，估计就是建议改德来着，然后可耻地失败了。

　　可惜那些住在元大都的"北京元人"看得见这开头，却猜不中结尾，就在他们还美着的时候，真正克他们的火德悄然而生，那就是明朝。

燃起来！

关于宋和元的关系，还有一个极度不靠谱的传说。这源于一则"水枯竭而火生发"的谣谶，据说出现在忽必烈攻灭南宋的时候。

当时忽必烈抓到了年仅 6 岁的宋恭帝，将他封为瀛国公，好好地给养了起来，养到 19 岁，送他去了西藏萨迦寺，剃度为僧，法号合尊。

上一段是正史，下面就是据说了——元朝有一位回族郡主，去西藏朝圣的时候，跟那位原本的宋恭帝、瀛国公，现在的合尊和尚好上了。郡主怀孕之后嫁给了一个叫和世㻋的元朝皇子，生下一个儿子，取名叫妥欢帖睦尔。后来和世㻋当上了皇帝，就是元明宗；又过了些年，妥欢帖睦尔也当上了皇帝，就是元朝末帝元顺帝。

所以说，其实元顺帝压根儿不是蒙古人，而是汉回混血，血管里流着的是赵宋皇家的血啊！

后来这故事越编越远，越编越邪乎。说是瀛国公寄居在甘州一座小庙里，突然来了一位赵王，瞧这小和尚挺孤单的，就留下个回族女子侍奉他。后来和世㻋经过附近，瞧见寺庙上有五色祥云，仿佛龙形，就打听了："这庙里有啥好东西没有？"从人回答他瀛国公的小妾刚生了个孩子。和世㻋"大喜"，当即把那孩子认作养子，连孩子带母亲都给带走了⋯⋯

这么离谱的故事，不光明朝人信，就连清代的历史学家万斯同、赵翼，还有近代大学者王国维，他们都信，还到处翻资料找证据，拼了老命也要

证明确实"水枯竭而火生发"，元朝的江山最后还是落到了赵家手里。

元朝末年，红巾军大起义，因为红巾军尚火德，火色为红，所以他们就往头上裹红巾。不过这跟火克金没啥关系，红巾军只是随了宋朝的德——他们一直打着"复兴宋室"的旗号，最早起事的韩山童就自称是宋徽宗的八世孙。

明朝的德性接续红巾军，也是火德，据说，"明"这个国号就代表了"三重火"。明是汉人王朝，汉朝是火德，称为炎汉，这是一重；明朝天子姓朱，朱就是红色，红色属火，这是第二重；"明"字拆开是日月，"日者阳之极也"，日配朱色，又一重火。

洪武七年（1374 年），朱元璋给北元（元顺帝北逃后的政权）写信，信里有"今我朝炎运方兴"的句子，说明他自己认为明朝应该是算火德的，但是经过宋人那么一折腾，再经过元朝那么一不理，他也就不把德性当太重要的事了，觉得大家伙儿明白就好，不用专门下诏书明说。

明朝的士大夫对于这点是心里有数的，动不动就提"太祖以火德王"，这火德有没有官方的告示，有没有继承的说明，却没人讨论。

洪武三年（1370 年），朱元璋下诏，让大臣们研究一下尚色的问题，于是礼部就表态了："我们考究历代的尚色，夏朝尚黑，商朝尚白，周朝尚赤，秦朝尚黑，汉朝尚赤，唐朝服装尚黄，旗帜尚赤，宋朝也尚赤——看起来尚赤的比较多，咱们应该也尚赤。"朱元璋大笔一挥，准了。

就连尚色这种问题都没把德性扯进来，由此可见一斑。

红红火火！

301

　　就朱元璋本人而言，他是非常迷信的，尤其相信阴阳五行，所以建立在阴阳五行基础上的五德，他不可能不加理会，只是懒得正式公告而已。他怎么信五行呢？其实这从明朝皇帝的名字上就能瞧得出来。

　　朱元璋是第一代皇帝。他的儿子们，包括朱标、朱樉、朱棣、朱权等，全是木字边，而第三代包括朱允炆、朱高炽、朱高燧等，名的第二个字全

是火字边——都有五行的影子。

　　不仅如此，后面历代子孙的名字，朱元璋也事先规定了得跟五行挨着，一代是一行，永远不混乱。

　　不仅仅皇家正根儿，包括历代的藩王都是如此，从第二代开始，木、火、土、金、水轮着来。

只可惜才转了两轮，第三轮刚起个头，明朝就没了。

到了明朝中叶，又冒出很多喜欢翻古书的家伙来闲扯。

当时最流行的说法是，明朝算土德，火生土，这乃是撇掉元朝，直接继承宋朝的火德。

不管尚火还是尚土，总而言之，在"五行相生"而非"五行相胜"的前提下，他们都是把元朝给一脚踢开了，也不管朱元璋明明说过自己是和平继承了元朝正统的话。

咱们今天再来研究"五德"这门奇幻的设定，很多人就说了，在王莽篡汉之前，大家是采用的五德相胜也就是相克的说法，王莽到元朝，是采用的五德相生的说法，元朝以后，重新恢复到五德相胜的说法。

其实这都是事后诸葛亮，力求把体系搞圆，于是熔了驺老教授和刘歆大国师新旧两派的说法于一炉。当时的人可不这么想，自打刘歆大国师的新体系出炉以后，相生说就占绝对优势，就连理学大宗师朱熹都明确说了"相生对"，那么理学大泛滥的明、清两朝，谁还敢跟他拧着来啊？

公元 1644 年三月，明朝末代皇帝崇祯跑到煤山上找了棵歪脖子树，一绳子吊死了。随即李自成在北京称帝，国号大顺，宣布大顺朝是水德，水克火，所以才能灭掉明朝。

但是他们这个水德，不尚黑，尚蓝。于是乎满朝文武都穿上了蓝袍子，真是奇哉怪也。

跟我去这片蓝色的海洋吧！

妈呀！饶了我吧！

　　有一种可能，当时印染技术已经很发达了，就连老百姓都能穿上彩色衣服了。过去有个词叫"白衣"，就是指没有功名的平头百姓只能用没染色的本白色布做衣服，做了秀才就能穿蓝衫。总而言之，在李自成这群人眼里，能穿蓝衫的乡绅大老爷们代表了一种高端的生活，也就纷纷穿蓝，并且一口咬定，这就是水德的颜色。

论起五行所对应的颜色来，蓝色根本就没有位置。所谓青龙、白虎、朱雀、玄武，这里的"青"是绿色，东方神兽是条绿龙而不是蓝龙，所以才对应了五行中的木行。木行在东，水行在北，对应的神兽是"玄武"，也就是一只龟加一条蛇，玄就是黑，刘邦当年祭的黑帝就是北方天帝。

蓝色的大顺朝仅仅维持了一年多，就被吴三桂勾引关外的清政权给灭掉了。

清朝原本国号叫金，因为太祖努尔哈赤是女真人，于是就接着前代女真族建立的金国，起了同样的名字。其实清朝的女真跟金朝的女真并不是一码事，金朝建立以后，正经女真人大多已经南迁、汉化了，后来干脆融入汉人堆里，清朝的女真则属于一直在老家没挪窝的穷亲戚，甚至可能只是穷邻居。所以努尔哈赤建了金国以后，就没有延续金朝的金德或者土德——不过也可能他压根儿就不知道还有五德这类有趣的花活儿可玩。

努尔哈赤光想着在关外建国，跟明朝对着干了，他还未必有得天下之志。等到他的儿子皇太极继位，那家伙眼光远，野心大，瞧着明朝一天比一天烂下去，觉得自己也有机会入主中原，当中原皇帝，于是他就把部族名字和国家名字都给改了。部族从女真改为满洲，国家从金改为清。"满洲"有两个水字边，"清"字又有一个水字边，大概打算用三条水来浇灭明朝的三重火。

清爽！

然而这也只是民间的说法，清朝跟明朝一样，也没有公开宣称自己的德性。事实上，清朝别说德性了，就连正经的尚色都没有——皇帝是穿明黄，可是祭祀天地祖宗并不要求黄牛、黄羊、黄猪、黄狗啥的，至于旗号更跟北周似的，四色俱全。我们知道，努尔哈赤把女真本族人都分了八旗，也就是正黄、正白、正红、正蓝和镶黄、镶白、镶红、镶蓝。后来皇太极照猫画虎，把归附的蒙古人和汉人也各分八旗，就是所谓的"蒙古八旗"和"汉军八旗"。所以皇帝穿黄袍子，很大原因是皇太极起初是领着镶黄旗的，后来他夺取了正黄旗和正蓝旗，就称为"上三旗"，再后来多尔衮把正蓝旗剔了出去，改成了自己的正白旗。这三旗都由皇帝亲领。

所以看吧，正经清军出阵，旗分四色，入关后再加上新附的汉军绿营，打绿旗，就是五色。

不过五德不搞了，并不说明清朝人不信五行。

五德是统治阶级搞的玩意儿，属于阳春白雪，老百姓搞不懂，等到统治阶级懒得玩了，老百姓也不会再把它捡起来；而阴阳五行是下里巴人，从历代君王、大儒到街边要饭的，多少都知道一点儿，算命瞎子更是满大街地嚷嚷，所以五德败落了，五行却还繁盛，甚至一直繁盛到今天。

所以清朝人上从皇帝，下到黎民，还是普遍相信阴阳五行的。举例来说，清朝护卫北京城的八旗兵就是按照五行相克来确定居住方位的。东方属木，金克木，而金色尚白，所以正白旗和镶黄旗就都拆迁去了东直门和朝阳门。

　　这就是五德学说最后的余光，大多只存在于民间传说之中，老百姓沾着点儿风就是雨，神神道道地聊起德性来总比"今天天气如何"要过瘾得多，官方则懒得理会。宋朝以后，事实上五德学说已经逐渐没落了，正经人不搞这个，除了作为老百姓的谈资，也就一些无聊的落魄知识分子、喜欢怪力乱神的玄幻小说作者才会有兴趣了。

图书在版编目（CIP）数据

笑翻中国简史：插图版 / 马伯庸著；施晓颉绘 .

长沙：湖南文艺出版社，2025.8. --ISBN 978-7-5726-2577-0

Ⅰ .K209

中国国家版本馆 CIP 数据核字第 20254MS421 号

上架建议：畅销·文化随笔

XIAOFAN ZHONGGUO JIANSHI: CHATU BAN

笑翻中国简史：插图版

著　　者：马伯庸
绘　　者：施晓颉
出 版 人：陈新文
责任编辑：张子霏
监　　制：邢越超
出 品 人：周行文　陶 翠
特约策划：李 阁　李齐章　王 维
特约编辑：王 屿
营销支持：文刀刀　周 茜
版式设计：利 锐
封面插画：施晓颉
封面设计：主语设计

出　　版：湖南文艺出版社
　　　　　（长沙市雨花区东二环一段 508 号 邮编：410014）
网　　址：www.hnwy.net
印　　刷：河北尚唐印刷包装有限公司
经　　销：新华书店
开　　本：715mm×710mm 1/16
字　　数：190 千字
印　　张：19.5
版　　次：2025 年 8 月第 1 版
印　　次：2025 年 8 月第 1 次印刷
书　　号：ISBN 978-7-5726-2577-0
定　　价：59.80 元

若有质量问题，请致电质量监督电话：010-59096394
团购电话：010-59320018